加藤宣行の道徳授業

考え、議論する道徳に変える

教材研究＆授業構想の鉄則35

筑波大学附属小学校
加藤宣行

明治図書

はじめに

　本書を手にとっていただき，ありがとうございます。

　このシリーズも4作目となりました。これまでたくさんの方にお読みいただき，感想をお寄せいただきました。少しでも先生方の授業改善のお役に立っているならばこの上ない喜びです。

　今回は，これまでのシリーズで語り尽くせなかったところ，補足が必要なところを中心に書かせていただきました。これまでの一般的な内容から，より深く個別的な内容にまで踏み込んだつもりです。また，私の人生経験からくる思いをもとにした，加藤宣行の授業観と実践エピソードにまで具体的にふれました。これは，今までしなかった（できなかった）ことです。

　道徳の教科化を迎えて，小学校は2年目，中学校は1年目の総括の時期となりました。それぞれに実践したからこその課題や成果が見えてきているのではないでしょうか。そのようなタイミングで，これまで述べてきたことをさらに深くつっこんで解説させていただく機会を得たことは，私にとってもありがたいことでした。先生方の，今でこそ課題として浮き上がってきた疑問や問題点にお答えできるような内容にすることができていればとの思いです。もうひとつ，別の思いも抱きながら書きました。それは，私個人の思いです。加藤がしてきた道徳授業の集大成として，私にしか書くことのできない内容を盛り込ませていただいています。企画の段階から，「これを書きたい」「ここをもっとふくらませたい」などと，さんざん「ワガママ」を言ってきました。それらを，「いいですね」「なるほど，それは面白いと思います」と面白がって許していただいたことに深く感謝いたします。

　誰がやっても同じ授業ではなく，加藤がやったらこのようになった。読者の先生方が行ったらまた違った味わいの授業ができた。子どもたちとこんな実践ができたというエピソードを，それぞれの先生に創っていただけるきっかけとなったら，これに勝る喜びはありません。

Contents

はじめに

3章 教材研究＆授業構想を さらに極める鉄則15

4章 教材研究＆授業構想を
生かした道徳授業

おわりに

1章

「考え，議論する」道徳に変える 教材研究＆授業構想

01 「考え，議論する」道徳に変える
―道徳授業の転換期に―

なぜ，「考え，議論する」なのか

　考え，議論する道徳授業へのチェンジが声高に提唱されてから，小学校では2年目，中学校では1年目の年度が終わろうとしています。さて，その成果やいかに。授業は変わってきたでしょうか？

　そんな簡単に変えることができたら苦労はしないですね。けれど，教科化される前に移行期間が2年間ありましたので，それを含めると，小学校では3年間の蓄積があるわけです。様々なチャレンジがなされての，この時点での総括となるでしょう。

　先生方の地区ではいかがでしょうか？　成果があがりつつありますか？それとも，ある程度の妥協点が見出され，「まあこんな感じ」で定着してしまいそうですか？　まさか「喉もとすぎれば……」で，もとに戻ってしまったなんてことは……ないことを祈ります。

　そもそも何のための変革だったのか，出発点に戻って考えてみましょう。「従来の定型」を踏襲して行っても，それなりのことを子どもたちは発言し（それが本意かどうか，また総意かどうかは別として），それなりの着地点に到達します（これも子どもたちの本意かどうか，総意かどうかは別問題ですが）。重要なのは，そのような反応をする子どもたちの姿に，私たち教師がどれほど達成感，満足感を味わうことができるのか，できていたのか，という問題です。この問題から私たちは目をそらしてはいけないのではないでしょうか。いくら日々，様々な業務に追われているからといっても。

　幸いなことに，私は「この問題」に向き合う環境で30年間教師を続けてくることができました。そして得られた結論は，「はじめから結論が出ている

ことに，いくら子どもたちに興味・関心をもたせようと授業展開上の工夫を凝らして臨んでも，子どもたちは乗ってこない」「あえて結論をひっくり返して子どもたちに問題提起することで，子どもたちははじめてその問題に食いつき，自らのよりよくあろうとする心を使って考え始める」ということです。そのような授業展開を自分で考え，実践検証する場を与えられて早15年。その間，筑波大学附属小学校で道徳専科として毎週10時間以上の道徳授業を積み重ねてくることができました。そんな中，文部科学省も「わかりきったことを言わせたり書かせたりする授業から，考え，議論する道徳授業へ」というような，これまでの道徳授業の認識を改め，従来の学習スタイルから大きく舵を切ったわけです。

● 授業改革への道のり

では，大きく舵を切られた道徳授業は，いったいどこへ進めば，何を変えればよいのでしょうか。正確に言うと，変えればよいのではなく，結果的に変わってくるべきなのだと思いますが。

ここからは，少し紙面上のスペースをいただいて，私が行ってきた「改革」についての話をさせていただければと思います。「改革」というような，そんな大げさなことなのかどうかはわかりません。手柄話をするつもりもありません。ただ，私の中では自らの道徳授業に対する認識を180度変えなくてはならないようなチャレンジをしてきたので，その経緯は「改革」と呼ばせていただいてもよいのではないかと考えております。

1984年３月，私は大学を卒業後にJAC（ジャパンアクションクラブ）のオーディションを受けます。卒業時に小学校教員免許１種，中・高の保健体育の教員免許を取得していましたが，教員採用試験は受けませんでした。めでたくJACの研修生となった私は，養成所で殺陣や現代アクション，演技，ダンス，発声等のレッスンを受けながら，当時JACが主催していたミュージカルに出演させてもらったり，合宿に参加したりしていました。出演させ

ていただいたミュージカルは，深作欣二さんが監督で，千葉真一さんや真田広之さんが主演でした。1985年に JAC の本オーディションに合格し，正会員となりました。しかし，その頃今後の道の歩み方に悩み，結果的に JAC を辞めました。その後，様々なアルバイトを経験しながら横浜 YMCA 健康教育部に就職し，水泳指導を中心に各種スポーツの指導に携わるようになります。それから何年かして教員採用試験を受けることになるわけですが，大学からの10年間あまりでスポーツ界，芸能界，民間教育団体を経験し，いわゆる多面的・多角的な価値観を身につけていきました。

　ですから，教員採用試験に合格し，はれて教師になったとき，戸惑いました。教育界が，これまでの世界とまるで違う仕組みで動いていたからです。仕組み，ルール，価値観，なんと表現すればよいのかよくわかりませんが，教育界の常識に，とにかく戸惑いました。逆に言うと，そんな私をどのように解釈し，接すればよいのか，周囲の先生方も戸惑われていたのだろうと，今にして思えば想像することができます。「教育界の常識は，世間の非常識」みたいなことを言われることがありますが，確かにそうかもしれないなあと思ったものでした。また，私が経験してきた「世間」が，ちょっと普通でない「世間」だったということもあるでしょう。

　そんな私が苦労したもののひとつが，道徳でした。指導書通りに授業をしても，既定の路線をこなしているような感覚が強くて，面白くないのです。もちろん指導力の問題もあるでしょう。初任者研修の授業では，担当指導主事から「今日の授業は，子どもたちに救われましたね」と言われました。授業中に，賢い女の子が「ちょっと待って，今から道徳的に考えるから」とつぶやいたのが今でも記憶に残っています。そのとき，「ああ，子どもたちが考える必然性は，なんかちょっと違うところにあるのではないか」と思ったものです。「道徳的に考える」ために気を利かせてスイッチを切り替えてくれる子どもたち。そりゃあ，子どもたちに助けられて授業をしている感満載ですね。でも，本当は，そんな気を利かせてくれなくても，「え!?　どういうこと？　ちゃんと考えたい！」という本気のスイッチを入れたかった。

正直に申し上げて，教師になったばかりの私と道徳との出会いは，最悪と言ってもよいものでした。体育などの方が，よほど面白くできる自信があった。そりゃそうです。スポーツに関しては，実践経験も豊富だし，コーチング的なノウハウもたくさんもっていましたから。しかし，それがよかったのかもしれません。現状の道徳教育に問題意識満載でしたから，変えることに何の抵抗も感じなかったのです。

　そして，そんな私の幸運なことは，初任校が当時の文部省の道徳教育に関する指定研究を受けたことと，とても素敵な先生方に出会えたことです。当時の教頭だった井上先生は，自ら問題意識をもちながら授業を変えていく実践者であり，「自分がやってみるから」と，私のクラスで道徳の飛び込み授業をしてみせてくださいました。「同じ子どもたち，同じ道徳という授業なのに，なんでこうも違ってくるのだろう」悔しい思いとともに，心を動かされたものでした。井上先生のご自宅に招待していただき，夕飯をごちそうになりながら，話をお聞きすることもたびたびありました。井上先生ご本人はもちろん，教師ではない奥様までもが楽しそうに教育談義をされる姿に感動を覚えたものです。私の周りには，井上先生以外にも，教育に喜びを感じながら全力で取り組む先生方がたくさんいました。先輩だけでなく，同僚にも。幸運なことでした。

　「啐啄同時」という言葉があります。学びたいという学習者の気持ちと，適切な刺激を与えて啓発しようとする指導者の思いが噛み合ったとき，はじめて実りある成果が得られる，ということだと解釈しています。当時の私を取り巻く環境がまさにそれだったと思います。「このままではいけない，なんとかしたい」という私と，「こうやれば面白いよ，一緒にやろう」という環境が整っていたのです。井上先生は数年前に他界されました。いつしか私も，受け取る側から伝える側へと立場が変わってきました。私がたどりついた授業が今のスタイルです。これが全てだとも，ゴールだとも思っていませんが，ひとつの答えだとは思います。それを読者のみなさんと共有できればという思いです。おつきあいいただければ幸いです。

02 加藤流・教材研究と授業構想

● 加藤流＝自分流≠自己流

　「加藤流」という言葉を私は好みません。もちろん自分では使いません。今回のこの表題も，本書の担当者がネーミングしました。

　よく，「○○学級」というように，学級を呼ぶときに○○に担任の名前を入れる場合がありますね。これにも昔から違和感をもっていました。なんとなく，学級を自分の所有物のように捉えている感じがするからです。私は，子どもたちは個々に独立した存在であると思っていますし，子どもたちを教師の思い通りに動かす力が指導力だとは思っていません。

　だって，子どもたちが，教師の指先の動きひとつで一糸乱れぬ反応をしたら怖いと思いませんか？

　もちろん，時と場合によりますよね。そのような統一された動きが求められる場面もあるでしょう。それは認めます。問題は，何をベースに置くかです。そのような徹底した規範意識をベースに置くのか，または別のものに置くのか。

　前者を枠組みで管理するイメージで，後者を人間性で管理するイメージで私は捉えています。つまり，拠り所を何にするかということなのですが，前者は拠り所を「一般（社会）常識」や「模範解答」に求めるわけです。つまり「こうするのが普通，当たり前」「こうしないと，あとあとやっかい」的な思考パターンです。それに対して，後者は拠り所を「人間としてのよさ」に置くわけです。つまり「普通はAだろうけれど，今回はBの方がよいのではないだろうか」「AはAでも，自分的にはA′の方がしっくりくるな」的な思考です。おわかりいただけるでしょうか？

研修会に講師でお招きいただくとき，飛び込み授業を希望されることがあります。初対面の子どもたちとどのような授業を展開することができるのか，先が見えないドキドキ感もありますが，だからこそのワクワク感もあり，基本引き受けさせていただいています。ただ，そのような飛び込み授業を「師範授業」とネーミングされると緊張を覚えます。「師範」というと「手本」という意味ですが，「一般的にこうやればよい」という「お手本」を示すつもりはないのです。そうではなく，「今回の子どもたちと考えていったらこんな感じになりました」というような，ひとつの提案として捉えていただきたいなと思うのです。

筑波大学附属小学校は，準専科制と言われるように，小学校ながら自分の専門とする教科を背負い授業実践研究をしています。ここでは「加藤学級」という表現が普通に使われていますし，あまり違和感もありません。というのは，自分がしたい授業，育てたい子ども像を明確にもち，なおかつ他の教師のスタイルも認め受け入れているからだと思います。「人のスタイルも認めるけれど，自分には自分だけの『ここだけは自分の世界』だと言えるスタイルがある」そこに責任と自負を感じている，ということだと思います。ですので，今は「加藤流」という提案の仕方もありなのかなとは思っています。それを押しつけるつもりはありませんが。というか，最終的にはそれぞれの先生がそれぞれの「○○流」を見つけられるのがよいのかなと思っています。「加藤流」は加藤だけでつくられるものではありません。その中には「井上流」も「新宮流」も入っています。「自分ならではの世界」は，自分だけでつくることはできないのです。そしてその「加藤流」も過去の「加藤流」を踏み台にして新たに築き上げていくものです。「これでよし」とする世界はないのかもしれません。現時点での「加藤流」を紹介します。

● 授業を変えるために

道徳の教科化を契機に，「読み取り道徳から考え，議論する道徳へ」など

と言われてきました。これまでの道徳授業が，子どもたちに考えることをさせていなかったわけではありません。けれど，これまでのものをもとにして，何かを変えていこうという思いはもつべきです。変えるということは，これまでを否定することではありません。これまでを大切にしながら，さらによりよいものを目指すということです。ということで，道徳教育の何を変えるか。ここでは「道徳授業を変える」ことに焦点を当てて話を進めたいと思います。

　授業を変えるということは，授業展開を変える，つまり授業の組み立て・授業構想を見直すということです。けれども，授業構想を変えると言っても，これまでと全く違うことをすればよいかといえば，そうではないですね。それではただ単に奇をてらったものになってしまいます。授業構想を変えるためにはステップが必要です。それが次の3つです。

❶内容項目を考え直す
❷教材を読み直す
❸授業展開を構想し直す

　一つ一つ説明していきましょう。

❶内容項目を考え直す

　内容項目というのは，学習指導要領で定められている，1・2年生が19，3・4年生が20，5・6年生と中学生が22ある項目です。その一つ一つの内容に，例えば「希望と勇気，努力と強い意志」などというように，複数の価値が含まれています。この内容項目に含まれる道徳的価値は，もちろん間違いではありません。けれど，正解かというと「そうとも言えるし，そうとも言えない」というのが本当のところです。なぜなら「一般的にはそうだけれど，現実場面でそれがそのまま当てはまるかというと，そうとも言えない」からです。私たちが道徳の授業をする場合，この認識を忘れてはいけません。これが内容項目を考え直し，社会通念的に正解とされる「一般解」から，自らがよしとする「納得解」へ捉え直すということです。そしてこの「納得

解」は，時と場と状況によって変わることが当たり前です。だとすると，道徳の授業で教えるべきこと，考えさせるべきことは，毎回変わってしまうことになります。「答えはそのときによって違うから，何をどのように考えてもいいよ」。それでは授業になりませんね。つまり，教えるべきこと・考えさせるべきことが違うのです。

❷教材を読み直す

　そのようなスタンスで教材を読むと，はじめは答えがあるような気持ちで読んでいた教材を異なる観点で読むことができるようになります。

　例えば，教材「最後のおくり物」（親切，思いやり）。自分の命をかけてまでロベーヌのためにお金を稼ぎ，励ましの言葉をおくり続けたジョルジュじいさんの生き方に私たちは感動します。読み物としてはそれでよいのですが，道徳の授業となるとその「感動」の中身を明らかにする必要があります。そこで，読みを変えるのです。「ジョルジュじいさんはなぜそこまでしてロベーヌのために働くことができたのか……親切心からなのか違う心があるのか」といった感じです。「そもそも『親切』って何だ」とある意味「『親切』を疑ってみる」ことでこれまで見えなかったものが見えてくるようになるのです。

❸授業展開を構想し直す

　❷でも少し述べましたが，読みを変えることと授業展開を変えることは不可分です。読みを変えると展開も自ずと変わってきます。「最後のおくり物」で言えば，子どもたちに考えさせる方向を「ジョルジュじいさんの気持ち」から「親切とはどのような心の動きからわき起こるのか」にチェンジさせているわけです。そうすることで，わかりきったことが実はそうではないことがわかり，自ら考えようとし，そのために話し合い（議論）をしようというスイッチが入るのです。

2章

「考え，議論する」道徳に変える
教材研究＆授業構想の鉄則20

01 入門編 内容項目理解を深める

まずは「内容項目」が何かということから始めましょう。
基本的に「価値項目」という言い方はしません。ご存じで
したか？

● 内容項目は道徳的諸価値を内包したもの

　ご存じの通り，学習指導要領は４つの視点に分けて道徳的諸価値の分類が
なされ，それぞれに解説がつけられています。どれも人が人として生きてい
くために大切なものですね。

　約10年ごとに学習指導要領の改訂がなされ，その時代に応じた内容項目の
見直しや修正がなされますが，基本的なところは大きく変わっていません。

　この項目ごとに分類された内容には，様々な道徳的諸価値が内包されてい
ます。例えば，「親切」という道徳的価値について考えてみます。親切にす
るには，人が何をしたいと思っているのか，何に困っているのかに気づく配
慮が必要です。相手の気持ちに気づいたら，そのままにしておけない思いや
りの心が働き，アクションを起こします。アクションを起こすためには勇気
が必要です。どうしたらよいかという最善の方法を考える判断力や見通し，
そして決定した行動に向かって力を注ぐ努力も不可欠でしょう。そう考える
と，１つの道徳的価値単体で成り立つような行為・行動はありません。つま
り，実生活のそれぞれの場面を道徳的価値のどれか１つに当てはめて割り切
って考えられるわけではないのです。だから，様々な道徳的諸価値が混在す

る中で今回はこの内容項目から考えてみようというスタンスをとるのです。

● 希望と勇気，努力と強い意志

　この内容項目は「A　主として自分自身に関すること」の中に位置づけられていますが，これも様々な道徳的諸価値が内包されていますね。この中から１・２年生の部分を見てみると「自分のやるべき勉強や仕事をしっかりと行うこと」とあります。これをどのように考えるのかということが重要です。子どもたちに深く考えるように促すからには，指導者自身もこの内容項目についてどのような解釈をするか，きちんと考える必要があります。

　もちろんやるべきことをしっかりとやる，頑張ることは必要なことです。これをしなくてよいという指導は基本的にはあり得ません。けれど，「では，いつでもどこでも何にでも，不平不満を抱かず，黙々と頑張らなくてはいけないのか」と考えると，決してそうではないことに気がつきます。また，その頑張る方向や動機も大切です。「なんだかよくわからないけれど，やれと言われたから」とか「これをやったらごほうびがもらえるから」などの理由で頑張るのでは，主体性がありません。単なる指示待ち人間を育てることになってしまいます。そうではない価値観があるはずで，それを考えさせ，教えることこそが，道徳教育の本来の目的のはずなのですが，現状そのあたりはどうなっているのでしょうか。今からでも遅くありません，考えていきませんか？

ポイント

・内容項目を見直しましょう。「価値ある行動」と言われる行動であっても，そのまま教え・身につけさせればよいというわけではありません。

・「価値ある行動」を支える「価値ある意識」があることを認識しましょう。

・「価値ある行動」はいつでもどこでも当てはまることではないことを自覚しましょう。

02 応用編 内容項目理解を深める

> 内容項目の意味がわかったら，次のステップに進みましょう。それは，内容項目を「自分の言葉で語ることができる」ようにすることです。

●「借り物の言葉」を「自分の言葉」に

　内容項目を自分の言葉で説明できるようにするという作業は，様々な「恩恵」を私たちにもたらしてくれます。どういうことか説明しましょう。

　当然ですが，自分の言葉にするためには「深く考える」ことを教師自身ですることになります。「なぜきまりを守らなければならないのか」「人に親切にすることのよさは何なのか」など，普段あまり深く考えずに経験知で処理していたようなことがらについて改めて自問自答するわけです。これをすることにより，次のようなことができるようになります。

❶授業場面での子どもたちの思考を先取りすることができるようになる

❷教材の読みが変わる

❸本時はこれをしたい，考えさせたいという芯ができる

　つまり，深く考えさせる授業に変えることができるのです。授業を大きく変えることができるチャンスです。

●「自分の言葉」にするための秘けつ

　内容項目を自分の言葉で言えるようにする，つまり一般的に「こういうも

のだ」と言われているものから，自分が納得できる「だって〜だから」に変換するための秘けつをいくつか紹介しましょう。

❶自分のことに置き換えて，なるべく具体的に考える

　まずは指導者自身が自分の身に置き換えて考えてみることが大切です。例えば「勤労，公共の精神」という内容項目があります。つまり，「仕事をすること」です。このことに対して自問自答してみましょう。次の問いに答えようとしてみてください。

　私たちはなぜ教師という仕事をしているのでしょう。もちろん生計を立てるためが第一ですが，それ以外にもありそうです。教師をしていてどういうときにやりがいを感じますか？　達成感がありますか？　それはうまく課題をこなしたり，ほめられたりしたときですか？

❷価値を構造的に分析する

　1つの行為・行動を，どのような動機で行っているかを分析します。

　例えば，働く場面を考えてみましょう。どのような心から働くことができるでしょう。

A　【消極的】言いつけられたから，仕方なく

B　【義務的】責任をもって努力しよう

C　【積極的】何のためにするのかを考えて，自分にしかできない働きをしよう

　もちろん，ＡＢＣのどの心も人間はもっています。もっと様々な感情があることでしょう。それを代表的なもので類型化し，どの心ですることが自分にとっても相手にとってもよいことなのか，どの心で行動できる人間になりたいのか，その結果見える未来はどのようなものかを考えさせるのです。

　これらを通して，子どもたちと話し合いたくなったらバッチリですね！

入門編 **教材の読みを変える**
教材の特性をつかんで読む

教材には物語文教材，映像教材，メディア教材，エピソード，トピック教材など様々なものがあります。その特性をつかんで使いこなすことが大切です。

● 教材には人間が描かれている

　道徳の教科書に掲載されている教材は，中身は伝記や偉人伝，生活文，問題提起文等々があるにせよ，物語形式のものが多いですよね。そこから国語の読解指導との違いについて云々されることがあります。

　道徳科の教材ですから，ねらいとする内容項目について，子どもたちがよく考えられるように書かれているものがほとんどでしょう。だからといって，1つの内容項目からしか読むことができない教材がよい教材かというと，一概にそうとも言えません。なぜなら，教材に描かれているのは人間だからです。1つの内容項目，道徳的価値だけを発揮して日常生活を送っている人などいないでしょう。「親切のコマンドオン！　母親との約束を守るコマンドはオフにします！」なんて割り切って道徳的価値を使いこなすような人がいたら怖いですよね。

　ましてや文学作品を教材にしている場合，道徳の教材用に書かれたわけではありませんから，1つの方向（内容項目）から読まなければならないという理屈は全く通用しません。

　1つの道徳的価値からではなく，人間としてまるごと読む必要があります。

●「結果」ではなく「態度」を読む

　教材には人間が描かれているわけですから，特定の価値を教え込むために使うのではなく，どのような人間が描かれているのかという，その教材独自の特性を見抜く必要があります。

　そこで重要なのは，「結果として（道徳的に）立派なことをしている」とか「ちゃんと（道徳的価値を）守らないから，やっぱりうまくいかなかった」などという【結果】にとらわれることではありません。登場人物が，「結果的に何をしたかではなく，いかによりよく生きようとしているか」という【態度】に着目すべきです。なぜなら，全てにおいてベストの結果を出すことができる人間などいるはずがないからです。人間を語り，人間を学ぶ教科で，人間とかけ離れたストーリーを追わせてどうするのでしょうか!?

　文章形式でない教材の場合も同じです。その教材を通して，人間としてよりよく生きるために何が必要なのか，これを子どもたちに考えさせるのです。ですから，教材を読んで感想を書いて終わりという展開はあり得ません。読めばわかるのは，表面的な行為・行動，結果の世界です。その結果を生んだ，または生むことができなかった態度にスポットを当て，なぜそのような態度をとることができたのか，またはとることができなかったのかを考えさせなければ，「道徳的に教材を読んだ」ことにはなりません。

　だから，展開が重要になります。同じ教材を使っても，展開が異なればその到達点も自ずと変わってきます。同じ教材でも授業が変わるのです。

ポイント

・教材には人間が描かれています。人間には弱い面も強い面も，よりよくありたいと思う面もあります。それを忘れずに読みましょう。　①価値ではなく，描かれている人間像に着目して読む　②結果にとらわれず，その行為・行動を生んだ態度を読む　③常に我が身に置き換えて読む

04 応用編 教材の読みを変える
多面的・多角的に読む

> 教材を読みこなすためには，教材の世界を100%鵜呑みにするのではなく，よい意味で様々な観点から読む必要があります。

● 異なる角度から教材を見る

　「教科書教材は正しいことが描かれているから，そのまま使わなければいけないと思っていました」。このようなことをおっしゃる先生が，何人もいました。今でこそ，そのような呪縛はやわらいできてはいると思いますが，気持ちはよくわかります。もちろん，教材の世界にどっぷりとひたらせて心情を育むという教育的意図もあるでしょう。けれど，全ての教材をそのように扱えばよいのかといったらそれは違うでしょうし，どっぷりひたるひたり方が人それぞれだったら，ただの感想発表会になってしまい，ねらいのもとに行う授業ではなくなってしまいますよね。

　ときには教材を「なぜこのようなことができたのだろう」というように分析的に読んだり，「そんなこといってもねえ」という批判的感覚で読んでみたりすることも必要でしょう。

　もちろん，そのような読みをすることが目的ではなく，そうすることによって，新たな人間的よさが見えてくることをねらっての話ですが。

● 構造的に分析する・読む

　「なぜこのようなことができたのか」という分析的読みは，知的理解につながります。「なるほどそういうことか」という納得解です。いわゆる「わかっていたつもりがわかっていなかったことに気づき，さらにそこから考えていくことで納得することができた」世界です。これが「深く考え，議論する」ということですね。

　つまり「ああそういうことか！　だからこの人のことをいいなあと思えたんだ」というように，結果的にどっぷりひたる深まりがより深くなるのです。分析的に読むことにより，共感的理解が促進されるということがあるのではないでしょうか。

　そのような分析的読みをするために，とても考えやすい方法を紹介しましょう。それが，構造的に分析する・読むということです。同じ行為・行動をするにも，他律的にもできますし，義務的にもできます。「この人はどの心からこの行動をとったのか，そのよさは何か」という発問展開です。

【教材を構造的に分析する・読む】
行為を生む動機・本質的な「おおもとの心」の比較

〈人に親切にする〉

仕方なく頼まれたから	他律的　外発的
義務感で与えられた仕事を頑張る	自律的　義務的
人の役に立つ喜び自分自身の成長	自立的　内発的　躍動的

05 入門編 教材分析をする
教材としての意義を考える

> 読み物として感動的な話でも，教材として一定のねらいの
> もとに授業で使用するときは別の見方が必要です。

物語文教材は，結果のインパクトに流されない

　ストーリー仕立ての教材は，基本的に起承転結が描かれていることが多い
ですね。ストーリー性があるのですから，何かしらの結末がないと話になり
ません。そしてその結末は，感動的なものであったり，その反対に因果応報
的なものであったりします。

　どちらもインパクトがありますから，ストーリーとしての力は充分です。
ところが，その「ストーリーの力」がそのまま「教材の力」になるかという
と，そうとも言いきれないのではないでしょうか。

　例えば，相手のために見返りを求めず力を尽くし，結果的に自らの身を犠
牲にしてしまうようなストーリーがあったとします。物語としてはとても感
動的で，人々の心を打つでしょう。けれど，その素材をそのまま授業で子ど
もたちに与えたらどうなるでしょう。感動や共感が深ければ深いほど，子ど
もたちに与えるメッセージは「自分のことよりも人のことを優先して行動す
ることがよいことなんだ」というような，偏ったものになりはしないでしょ
うか。感動的な物語文ほど，分析的に読み，そこから考えさせるような展開
にした方がよい場合もありそうです。

● トピック教材は，興味本位にならないように

　トピック教材という言い方をさせていただきましたが，これは，例えば1枚の写真や記事を提示し，「この写真の問題点は何か」とか「こういう場合，どうすることがよいのか」などというように，話題性のある素材を道徳の授業で話し合いをさせるきっかけにしようとするような類のものです。

　ストーリー仕立ての教材の陥りやすい「罠」については前述しました。それらの教材の「できすぎ度」へのちょっとしたうさんくささやキレイごと感への反発から，もっと生活に密着した教材開発を求める気持ちはわかります。けれど，だからといって「子どもたちの食いつきがよいもの」「よりリアルに現実生活に迫れるもの」としてトピック教材をもってくるのは，これはこれで留意すべき問題点があります。

　このような素材は，リアルではありますが，その分とても個別的で偶発的です。それをそのままビックリ教材よろしく子どもたちにぶつけても，うけはよいかもしれませんが，興味本位の大騒ぎになってしまうかもしれません。それでは本末転倒です。本来の考え，議論するという趣旨の議論とはかけ離れたところでの話し合いにならないよう，つまり，議論が目的にならないように留意しなくてはなりません。要は素材を生かした食材をいかに「おいしく食べさせるか」ですが，雰囲気にのまれておいしく感じるだけではいけません。それがきちんと子どもたちの栄養とならなければ。

ポイント
・誇大広告に注意！
・教材の見かけの派手さ，インパクトに引きずられると本質を見失います。「自分たちにはできない，すごい」ではなく，「自分たちにも同じ心がある，いつかできるかも，できるようになりたい」というように，「理想に向かう心」を大切にしましょう。

06 応用編 教材分析をする
子どもの実態をベースに置く

> 教材を指導者がどう読むかも大切ですが，同じように重要なのが，子どもたちがどう読むかですね。

子どもたちはどう読むかという観点で教材を読む

　もちろん指導者は，教材を使って授業をする以上，一定の指導意図をもって臨むのは当然のことです。けれど，その意図をそのまま子どもたちにぶつけても，思うような結果を得ることはできないことが多いでしょう。子どもたちの立場に立って，子どもたちはどう読むかを考えることが大切です。

　「二わのことり」という教材がありますね。同じ日に，うぐいすとやまがらの両方の家から招待を受けたみそさざいは，はじめはうぐいすの家に行きますが，ひとりで寂しくしているであろうやまがらのことが気にかかり，うぐいすの家を抜け出して，やまがらのもとへ飛んでいきます。涙を流して喜ぶやまがらを見て，こちらへきてよかったと思うみそさざいとやまがらの心あたたまる友情物語です。

　授業をする私たちは，当然のことながらみそさざいとやまがらの友情にスポットを当ててこの教材を読みます。しかし，子どもたちにはそのような思惑はないわけですから，全く別の観点から自由に読むわけです。例えば，「たったひとりでこのような行動をとることができたみそさざいはすごいな。

勇気があるな」とか「うぐいすの家で歌の練習をして，みんなでやまがらの家に行けばいいのに」などと，それぞれの思いで読み，語ることでしょう。この授業（教材）は，「友情，信頼」をねらいとするものだから，それ以外の要素が出たら困る，なるべくそれないように留意するという発想だと，授業が窮屈になります。子どもたちのそのような思いに寄り添いながら，「そうだね，勇気があるね。どうしてそんなに勇気がわいてきたのかな」とか「なるほど，みんなで行けばやまがらさんもうれしかったろうねえ。よく気づいたね。そういうことに気づける人と気づけない人の違いは何だろう」というように，子どもの思いを生かしながら，そっとねらう方向に戻してあげると，子どもたちの思考が途切れずに，子どもたち主体で，しかも指導意図も織り交ぜながら授業を展開できそうです。

● 内容項目は「窓口」

教科書はあくまでもねらいとする内容項目を考えるためのきっかけにすぎません。書かれていないことや子どもたちが思考をふくらませていくことを教材にしてもよいわけです。つまり，最終的には子どもたち自身の考えこそが授業で扱われ，話し合うべき教材となると考えてよいのではないでしょうか。そして内容項目は，そのひとつの窓口にすぎないという自覚も必要です。教材と内容項目が適合しているかどうかというより，その教材のもつよさをつきつめていく中で，ねらいとする内容項目が見えてくるかどうかを検証します。それが見えてきたらしめたもの。次のステップは，見えてきた内容項目を窓口にして，「人」を語ればよいのです。

ポイント

・「人」を語る。
・人を語るというのは，人間は元来よりよく生きたいという前向きな原動力をもっているという人間への信頼をもとにするということです。

入門編 板書構想をする
教材の特性を板書構想に当てはめる

板書計画はどのように立てたらよいでしょうか。
指導展開に沿って流れが見えるものがよいでしょうか？

● 展開をなぞる板書計画

　順番としては，教材研究をし，指導展開を練り，その展開に基づいた板書計画を立てるのが一般的かもしれませんね。展開が見える板書計画。確かにこれがあると安心できるかもしれません。さらにそれにあわせたワークシートや評価計画ができ上がれば完璧！　すぐにでも授業ができそうです。

　このような計画立案のメリットも認識しつつ，ここでは別の板書計画を提案します。というのは，あまりにきれいに仕上がった板書計画は，ついつい板書計画通りに授業を進めようという意識が働いてしまい，子どもたちの自由な発想が入り込むすきがなくなってしまうという危険性があるからです。「これをしたらどんな子どもでも必ず同じ反応をする」というような万能な発問展開があろうはずもなく，それと同じ理由で，これでばっちりという板書計画もあるはずがないのです。ここで紹介するのは，「教材の特性を板書に反映させる」というものです。私は授業構想をするときに，指導展開，発問構想をする前に板書計画を立てることがあります。そうすることによって教材のもつ特性が見えてきて，「この教材ならこのような板書をすることで，子どもたちの思考が活性化するだろう」というように，自ずと学習過程が見えてくることがあるからです。

教材の特性に応じた板書

　教材にはそれぞれ特性があります。その特性をもとにした板書構想を立てる必要があります。どの内容項目でもどんな教材でも一律同じ板書というのは，あまりに芸がなさすぎると思いませんか。

　例えば，自分の周りにどれだけ自分を支えてくれている人がいるかを実感し，感謝の気持ちをもつことをねらいとした授業（教材）があったとします。そのような教材だったら，思いきって黒板にウェビングマップを描き，子どもたちに探させる活動をしたらどうでしょう。

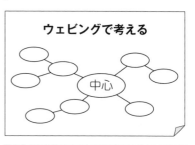

　また，努力や強い意志を考える授業だったら，何かを成し遂げた人のエピソードを使って，どのような道のり，苦労や工夫を重ねてそこにたどりついたのかというように，「結果」ではなく「過程」を考えさせ

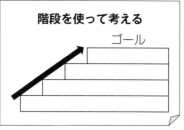

ます。そのために，ベクトルや階段図を使って板書しながら考えさせるという方法もあります。

ポイント

・いつも同じ板書計画ではなく，教材や内容項目の特性を見極め，それに合った板書構想をしましょう。
・決められた枠（板書）に子どもたちの意見をはめ込むという意識ではなく，内容項目に合わせて板書を変えることで見えてくるものがあります。また，そのような板書構想は，そのまま教材理解にもつながります。
・ここでは２つのパターンを紹介しましたが，もっとあります。

08 応用編 板書構想をする
子どもとつくる

板書は教師がするというきまりはありません。子どもとつくる板書を構想することで教材の読みが変わります。

子どもの特性を生かす

　教材の特性に合った板書展開を構想できたら，次は子どもたちと黒板をつくっていくイメージで板書構想をします。大まかなアウトラインはこちらで決めますが，それをどのように進化させていくかは子どもたちに委ねるのです。このように申し上げると，なんだか教師の指導性が薄れ，ねらいに到達できないように思われるかもしれませんが，そうではありません。

　例えば，板書は子どもたちにとっての土俵と考えてください。土俵に上がるからこそ，相撲をとることができますね。まさかそこでレスリングをしかける人はいないでしょう。けれど，取り口がみんな決まっているわけではありませんね。同じ土俵の上で，自由に闘うわけです。

　道徳における話し合いも同じです。1つのテーマに向かって自由に議論を闘わせるわけです。その中で新しい発見や，納得，自己の考えの修正が行われるのです。

同じ土俵（黒板）で闘わせるための板書のポイント

　同じ土俵で自由に闘わせるための板書のポイントは，もちろんいくつもあり，そのときの教材や内容項目，子どもたちの成熟度によっても変わってきます。とりあえず，今回それらは抜きにして一般的なポイントを3つお伝えしましょう。

❶アウトラインのみを書いて，あとは子どもたちの意見を受けながら一緒に完成させる

　「先生，そこで違うことを考えたかもしれないよ」「ちょっと黒板に書きたい」などという声を受けながら，はじめに書いたものを補足・修正したり，子どもたちに黒板の前に出て説明・加筆させたりします。

❷チョークを駆使する

　色チョークをなるべくたくさん使い，意図的な差別化を行います。どれがよいかというランクづけではなく，これはこの心から，こちらは別の心からやっているというような，「行為と心」のマッチングの違いに気づけるような工夫をするということです。チョークで線を描き，その太さや長さを変えていくというワザも重要ポイントです。

❸縦書きにこだわらない

　このような「子どもとつくる板書」を模索していると，自然な帰結として板書が縦書きオンリーではなくなります。横書きだったり，中央に図式がきたり，子どもたちが書いたことで絵のようになったりします。具体的にどういうものになるかは，章を改めて紹介し，説明させていただきたいと思います。

09 入門編 授業のねらいと到達点を決める
何をするのかを明確に

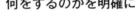
当然のことながら授業にはねらいがありますね。ねらいはどのように考え，立てればよいのでしょうか。

● 判断力なのか心情なのか実践力なのか

ねらいの立て方としてよくあるパターンが，学習指導要領にある文言をそのまま引用するというものです。例えば「希望と勇気，努力と強い意志」の内容項目の3・4年生には「自分でやろうと決めた目標に向かって，強い意志をもち，粘り強くやり抜くこと」と書かれています。「粘り強くやり抜くこと」をねらいとするわけにはいきませんね。だって，「やり抜くことができればよい」となると，やり抜くことができない場合はねらいを達成したことにならないということになってしまいますから。それでは何が何でもやり抜かせなくてはならない，ひと昔前の根性論になってしまいます。

では，文末に「心情を育む」とか「実践意欲を育てる」という文言をつけ足したらどうでしょう。「粘り強くやり抜こうとする心情を育てる」みたいな感じです。それらしくなりますね。ひと昔前はそのような書き方が多かったのではないでしょうか。そして，そこから「本時のねらいは『心情』なのか『実践意欲』なのか，はたまた『判断力』なのか」などという議論も起きてくるようです。けれど，「判断力」と「道徳的心情」と「実践意欲と態度」は不可分のものです。どれか1つだけに焦点を当ててどうにかなるような性質のものではありません。

● 到達点を定める

　最終到達点は，意欲的に実践力を発揮する子どもたちの姿でしょうね。しかし，それは授業の到達点というよりは，授業を重ねた上での実生活上での到達点と言えるかもしれません。なぜなら，授業中にそのような力が発揮されることはあまりないからです。

　ですから，授業場面では，たとえできなくても「実践しようとする」心を育てることを到達点としてもよさそうです。問題は，ではどうしたら「実践しようとする心」が育つかということです。登場人物の気持ちを聞けば，自ずと心情が育つと捉え，そのような展開が主流だった時代から，今は確実に次の時代へと移行しています。つまり，登場人物の行為・行動を起こすおおもとの心を明らかにし，その心のよさを知的に理解・判断し，その上で道徳的心情の育ちをねらうのです。そのような，自ら納得し，深く共感した結果として得られた道徳的価値理解は，「無理強いした実践力」ではないはずです。だからこそ，子どもたちが自らの実生活の中で，「自分の意志・判断で行う実践」につながるのです。これが真の実践力でしょう。

　このような一連のつながりを意識しながら，本時ではどこをねらい，そのためにどのような手立てを講じるのかを考えたものが，本時のねらいなのです。ですから，本時の教材や内容項目，そして学習者である子どもたちの実態や特性を充分考慮し，生かしたねらい設定が望まれます。

ポイント

・単純に学習指導要領を引用するのではなく，本時の学習内容に沿って，なるべく具体的でステップを踏んだねらいを立てましょう。
・「〜できること」を最終到達目標に置くのはよいとして，そこに到達するまでの設計をした上で，授業でねらうところ，授業後に意図するところを明確にしましょう。

10 応用編 授業のねらいと到達点を決める
なるべく具体的にねらいを立てる

本時のねらいと到達点について意識できるようになってきたら，次はねらいの具体化・複数化に挑戦してみましょう。

● ねらいの具体化・複数化

【ねらいの具体化】

一般的な内容項目に基づいたねらいから，本時の教材に基づくねらいへの転換を図りましょう。

【ねらいの複数化】

基本的な考え方として，「知・情・意」の３観点からねらいを立ててみます。複数あるということは，ねらいがぼけるような印象を受けるかもしれませんが，違います。前述したように，自ら実践しようとする意志を育てるためには，「あこがれるなあ，そうありたいな」というように心が動かなければなりません。その心が動くためには「ああそういうことか，だったらわかる」という，知的レベルでの納得が必要です。３つで１つなのです。「親切，思いやり」の教材「はしのうえのおおかみ」で例えれば，次のような感じです。

①相手のことを思いやり，人に親切にすることは，相手だけでなく自分にとっても心地よいことがわかる。（知）

②そのような心を使って人のために尽くすことができる人間をいいなあと思い，自らもそうありたいと願う。(情)

③自分にも相手を思いやる心があることがわかり，その心を使って人に対して自分にできることをしていきたいと思う。(意)

いかがでしょう。ねらいを読むだけで，ストーリーや本時の展開が思い浮かびませんか。そうです，ねらいをきちんと立てれば立てるほど，本時の展開は自ずと決まってくるのです。

● その場で到達点を決め直す

最終的な到達点は，前述したように本時だけでは収まらないところにあります。けれど，ねらいをもつ教科として授業をするからには，授業内の到達点も必要でしょう。これは「〜できる」という結果ではなく，「〜の大切さについて考えることができる」という態度であるべきです。そしてこの到達点は「○○と言えればよし」というような類のものではありません。だから，「道徳には答えがない」と言われるのです。確かに唯一無二の答えはないかもしれませんが，向かう方向はあります。ゴールフリーで終わりではなく，必ずゴールに向かってシュートを打ちましょう。そのシュートが得点になるかどうかではなく，ゴールに向かってシュートを打つことができたかどうかが大切なのです。

あらかじめ吟味・検討されたねらいに基づき，本時の到達点に向かって授業を始めます。しかし，子どもたちはこちらの思惑通りに動いてくれるわけではありません。そこで重要なのは，「その場で到達点を修正する」という作業です。

もちろん，ねらうところに向かわせるための指導の工夫・修正は臨機応変に行います。それと同時に到達点も修正し，目の前の子どもたちに合わせるのです。それを授業中に瞬時に行う。高等技術ですね。それができたら授業は生きたものになり，やりがいのあるものになることうけあいです。

11 入門編 授業の中心的なテーマを考える
核心に向かうテーマを考える

テーマとは，学習課題と捉えてよい場合もありますし，中心発問と共通する場合もあります。子どもたちと教師が共有するものです。

● 一本筋を通す

　テーマを考えるということの一番大きな意味は，授業に一本筋を通すということです。これはとても大切なことです。少なくとも，テーマをもって授業に臨むのと，そうでないのとでは，帰着点に大きな差が生じます。誰だってねらいや手立てをもって授業に臨むのは当たり前ですが，いかんせん，途中で道に迷ったり，行きづまったりするのが常ではないでしょうか。テーマをもつことによって，横道にそれそうになったときや，思いもよらない発言で頭が真っ白になりそうなときも，軌道修正を図ることができるものです。

　「それってねらいと同じなのでは？」と考えられるかもしれませんが，ちょっと違います。ねらいは教師が立てるもの，テーマは教師が子どもとともに共有するものです。もしくは，子どもたちの方から提案されるものです。子どもたちの抱く，問題意識や問いと言い換えてもよいかもしれません。

● テーマの決め方と取り上げ方

　テーマとは，授業の間，常に意識され，立ち返るべきものです。基本的に本質的な問いがテーマにふさわしいでしょう。例えば「本当の親切とは何

か」みたいな感じです。

　「『本当の親切』があるなら『うその親切』もあるのか」というような議論がなされることがあります。確かに「うその親切」は親切ではないのですから，「そんなものはない」とも言えますが，もう少し深く考えてみて，「行動だけの親切は，真の親切と言えるのか」と考えたらどうでしょう。これは意見が分かれるのではないでしょうか。動機や経緯はともあれ，相手に楽をさせてあげられたなら，それは親切だとも言えるし，それは偽善だと捉えることもできるでしょう。それを「本当の親切とは何か」というテーマ設定で問題提起しているのです。

　話を本筋に戻します。「本当の親切とは何か」というテーマで授業を進めるとき，留意すべきは最初の考えと最後の考えの変容を見取ることです。「はじめは□□と思っていたけれど，授業中の話し合いで△△ということに気づき，今は○○という考え方になった」というような，授業を受けての価値観の変容こそ，学びの成果と言うことができるでしょう。これが「補充・深化・統合」というように呼ばれるところのものです。最初に思っていたことが，それだけではなかった，もっと深い意味があった，自分の考えと友達の考えをあわせて進化させることができた，というような思考の変容です。そのような学びの変容を促すためにも，一本筋が通ったテーマ設定が必要なのです。また，そのようなテーマがあると，授業が終わったあともそのテーマに基づいて考え続けたり，実生活の中で試してみたりするというような「事後活動」が始まります。こうなってこそ，本物のテーマですね。

ポイント

・授業の根底を支えるテーマを一本つくりましょう。テーマを掲げて授業をする際のポイントは次の3点です。

①本質に向かう（何度でも問うことのできる）ものであること

②子どもたちの琴線にふれるものにできるかどうか

③授業前と後で，テーマに対する考え方の変容を明らかにできること

12 応用編 授業の中心的なテーマを考える
子どもに合わせてテーマをつくる

> テーマを掲げた授業展開，まずは形から入るのもありでしょうが，いずれは子どもたちから動きだすようにしたいものですね。

● テーマを子どもたちのものにする

　当然のことですが，私たちの目的は，授業を通して子どもたちの成長を図ることです。どんなに流れるような感動的な展開であっても，結果的に子どもたちの道徳的な成長につながっていないのでは意味がありません。学習の主体は子どもたちです。

　その子どもたちに，「おや？　これはどういうことだろう？」とか「もっと時間をかけて考えたい」と思わせられるようなテーマ設定を教師ができればOKです。「先生が言っているし，まあつきあって考えてあげよう」的なスイッチの入れ方では不充分です。ですから，テーマの設定とその提示の仕方が，本時の授業を決める上で，非常に大きなウェイトを占めます。

　入門編をクリアされた先生方に，次に挑戦していただきたいのは，これから紹介するような子どもたちの姿が見られるようにする「技」です。

❶教師の投げかけたテーマをきっかけに，「わかっていたつもりがまるでわからなくなった状態」に陥れる

　例えば，「友達と仲よくなるために」というテーマを掲げたとします。もちろん子どもたちもそのテーマ自体には異論はないでしょうから，普通に考

えられます。けれど，ここであえてくさびを打つのです。子どもたちから「相手のことを考える」とか「一緒に何かをする時間をとる」といった「テーマに向かう答え（らしきもの）」が出されます。これをひっくり返してあげればよいのです。ひっくり返す「技」はいろいろあるでしょうが，例えば子どもの言葉を受けて「では，相手の気持ちを考えて，相手に100％合わせてあげればいいですね？」と返してあげたらどうでしょう。「ん？」となりませんか？

❷子どもたちの中からテーマを引っ張り出す

　考えたいテーマは日常生活の中にいくらでも転がっています。それを教師が拾っておいて，授業で取り上げる。子どもたちにとっては，まさに自分との関わりにおいての重要課題です。話し合いにも熱がこもることでしょう。ただ，ここで留意しなければならないのは，このような子どもたちの日常のトラブルや問題点を，そのまま話し合いの俎上にのせるのは基本的には控えた方がよいということです。「生のままのテーマ」は，ときに感情論になってしまったり，ねらいから大外れのものになってしまったりするからです。「教材を通して，ちょっと客観的に，冷静に考える」というスタンスがあるとよいでしょう。子どもたちが身につまされるようなテーマ設定の場合は，特にそうでしょう。

❸子どもたちの方から「提案」してくるのを待つ

　テーマというのは，先生が自分たちに与えるものではなく，自分たち自身で考えてよいのだという認識ができればできるほど，子どもたちはますます主体的に動きだします。例えば「先生，最近ちょっとどうしたらいいか考えていることがあって」とか，「先生，道徳で考えたい話をつくってきました」などと，子どもたちの方から言ってきたらしめたものです。老婆心ながら……ただ座して待つのではなく，そういう子どもに育てるのですよ。

13 テーマに沿った展開を考える
基本形をものにする

> よいテーマができれば，それだけで授業がうまくいくわけではありません。そのテーマをどのように扱うのかが重要です。

基本形

　テーマを掲げ，それに向かって話し合いを進めるための基本スタイルは次の7点です。（授業を進める手立てなので，教師を主語に書いています）

①テーマを黒板に掲げる。

②導入時に，テーマに対する自分の考えをノートに書かせる。

③テーマを解決するヒントが見つからないかという観点をもたせて教材に入る。（読ませる）

④話し合いの中で，テーマに対する自分の考えと，友達の意見を比較させて，相互の補充・深化・統合を図る。

⑤授業の後半で，再度テーマに対する自分の考えを発言させ，ノートに書かせる。

⑥まとめの感想として，はじめとあとの自分の意識の変容を自己評価させ，何人かに発表させる。

⑦子どもたちの本時の学びを意味づけ，称賛し，成長を認め励ます。

　基本形なので，もちろん，その場の子どもたちの状況や，ねらうところの違いによって，臨機応変に展開します。

● 基本形を使った授業

　では，基本形を使って授業をすると，どんな展開になるのでしょうか。実際の授業場面を想起しながら具体的に紹介しましょう。

◆小学校１年生　教材名「きんいろのクレヨン」　内容項目「正直，誠実」
①「正直にするとどんなよいことがあるか」というテーマを掲げる
②道徳ノートに自分の「予想」を書かせる
③正直のよさを探そうという観点をもたせて教材を読む
④自分が見つけた正直のよさと，友達が見つけたそれを比較・吟味させる
⑤授業の後半で，再度正直にすることのよさについて問う
⑥正直についての，はじめとあとの自分の意識の変容を比較させる
⑦Ａさんの気づきを意味づけ，称賛し，成長を認め励ます

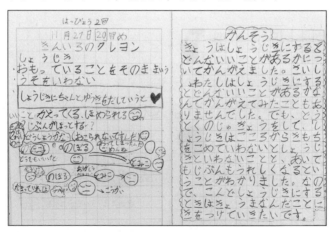

　上の道徳ノートは，そのときの授業のＡさんのものです。Ａさんは，考えてみたこともないことに対して前向きに考え，「わかりました」と，本時の学びを自分の言葉でまとめています。このようにテーマに沿った意識の変容を導くことができるようになります。

テーマに沿った展開を考える
子どもに合わせてテーマを変える

そんな優柔不断なテーマ設定でいいの？と思われるかもしれませんね。いえいえ，そういうことではないのです。

● テーマを変える意味とバリエーション

テーマは，指導者が子どもたちにとって必要と思われるものを，教材の特性を鑑みて設定するのが基本ですが，子どもたちの意識は日々変わっています。だからこそ，テーマも教師が考えたものだけではなく，子どもたちに聞いてみることも必要です。アンケート結果を導入時に使うことがありますが，これも子どもたちの意識に耳を傾けようとする手立てのひとつですね。そこから子どもたちにとって切実なテーマが生まれてくればそれでもよいし，こちらがアンテナを張って子どもたちも気づかないようなメッセージをキャッチして，テーマにしてもよいのです。そのうち，子どもたちの方から「先生，今度の道徳の授業でこれを考えたい」などと提案してくるようになるかもしれません。

また，授業中にテーマが変わる場合もあります。「変わる」というより「代わる」と言った方がよいかもしれません。考える方向性は同じでも，よりしっくりくるものにしていくのです。その場合のポイントは，子どもの言葉を使うことです。

その場でつくるテーマ

　テーマというのは授業中一貫して流れる本流のようなものです。それを言葉にしているだけにすぎないので，この言い方しかないという唯一無二のものではありません。

　例えば，授業冒頭で「□□選手が世界一のアスリートになれたヒミツを探ろう」というテーマを掲げたとします。子どもたちはこのテーマに基づいて，いろいろ考え，「あきらめないで頑張ったから」とか「目標に向かって努力したから」などと答えてくれるでしょう。

　そこですかさず問い返します。

教　師：では，誰でもあきらめないで頑張ったら□□選手のようになれますか？

子ども：うーん，なれないと思う。才能が違うから。

教　師：一人一人もっている才能が違うということかな。では，□□選手は自分の才能をどうやって伸ばしていったのかな。

　このようなやりとりを経て，「自分の才能を伸ばすために」というような，より自分の生き方につながるようなテーマが生まれてきます。これを明文化し，ノートに書かせてまとめていくように展開を変えていくわけです。子どもたちは，□□選手のことを考えながら，自然に自分自身のこととして話し合いを進めていくわけです。

ポイント
・テーマは１つではありません。子どもたちの実態（意識）や教材の特性，さらには内容項目によっても変わってくるのが普通です。
・基本の展開を押さえた上で，目の前の子どもたちと教師とでつくっていく，修正していくテーマを考えましょう。

問い返しというのは，補助発問とは少し意味合いが異なります。メインとなる問いを積極的に支えるものです。

問い返しとは？

　問い返しとは，現在進行形で行われている学習活動，例えば子どもたちが話し合いをしているときに，そのまま流れに任せておくより効果があると判断した場合に，指導者が投入する投げかけです。その役割には，次のようなものがあります。

❶議論を深める

　話し合いが何人かの子どもたちだけのものになってしまったり，子どもたちがねらいに向かっていなかったりするなと感じられたら，別の聞き方をしてみると，話し合いが活性化することがあります。その際は，なるべく子どもたちの発言内容を生かした問い返しが必要です。

❷新たな視点から見つめ直させる

　立場を変えて考えさせたり，「もし，結果が○○ではなく，□□だったら」というように，仮説を立てて考えさせたりすると，思考が広がり，新たな意見交流が生まれるかもしれません。

❸一時的に思考を停止させる

　堂々巡りになったり早々に１つの意見に収束しそうになったりしたとき，あえて起爆剤を投入するという感じです。いわゆるツッコミを入れるのです。つっこまれて考え込みそこから新たな気づきが生まれてくるようにします。

● 問い返しのタイミング

　では，どのようなタイミングで，どんなことを問い返していくのか，考えていきましょう。子どもの意識の流れに合わせながら，必要と思われる「返し」を，「ここ！」というタイミングで投入してあげることがポイントです。

◆「希望と勇気，努力と強い意志」の授業

子ども	：主人公の□□さんは，人一倍努力し，あきらめなかったところがいいと思います。
教師	：そうだねぇ，何事もあきらめずに努力することが大事だね。
教師の心の声	：（でも，がむしゃらにやればよいというわけでもないはず。どうやって思考を深めようか……）
問い返し①	：では，□□さんが人三倍がんばったら，もっとすごいことができるようになったかな。
子ども	：そりゃあそうだろうなぁ……ん？　そうかなあ……？？
子ども	：そうとも言えないかも。
子ども	：何か他にも大切なことがありそうだぞ。
子ども	：あ，わかった！　ただやるだけじゃなくて，自分なりに練習方法を工夫して取り組んだところが大事。
問い返し②	：なるほど。では，□□さんが練習を工夫したけれど結果を出せない時期があるね。その時期は無駄だったのかな。
子ども	：いやいやそうじゃなくて，だから……。
教師の心の声	：（よしよし，議論が深まりそうだ）

16 応用編 問いに対する 適切な問い返しを考える
当意即妙

究極の問い返しは，「その場でつくる」です。これができたら，ハマります！

事前に用意したものから，その場で思いついたものへ

　問い返しであろうが，何であろうが，あらかじめ周到に用意してあると，安心して授業に臨むことができますね。これは教師が授業に臨む姿勢として大切なことです。腹づもりができるからです。私も，当初は授業に臨む前に様々な展開をシミュレートし，子どもたちからどんな反応がきても落ち着いて対応できる用意をしていたものです。けれど，このような「よく練られた展開案」も，所詮は案です。少なくとも落とし穴が2つあります。まず1つ目は，「想定外」の反応がきたときに頭が真っ白になること。そして2つ目は，「想定通り」にことが流れれば流れるほど，あらかじめ用意したレールに，子どもたちを乗せようとしてしまい，子どもたちの心の動きを察知するアンテナが鈍ることです。

　もちろん，はじめはそのような「想定問答集」を繰り返し，授業で実践練習をして問い返しの技を磨き，最終的には「子どもたちの意識に沿って，その場で展開をつくっていく」という領域にまでいくことが大切だと思います。

● その場でつくる問い返し

　これは，つくろうと思ってつくれるものではなく，自然に生まれてくるものをキャッチして，言葉にするという作業なので，「こうすればできる」という類のマニュアルはありません。

　ここでは，「こんな展開が生まれたよ」という紹介をさせていただきます。

◆「勤労，公共の精神」の授業

教　師：(主人公の) ○○の仕事ぶりをどう思いますか。

子ども：めちゃくちゃいいと思う。

教　師：なるほど，「めちゃくちゃいい」ね。普通の仕事の仕方との違いは
　　　　何ですか。(ここはまだ想定内の問い)

子ども：責任感をもって仕事に励んでいるところ。

教　師：(ここで，「責任」という言葉にピーンときた)

教　師：そうか，「責任」ね。大切なことだ。みんなそう思うかな。

子ども：(ほとんど全員が同意のうなずきをする)

教　師：じゃあさ，この「責任」がなくなったら，○○は仕事をするのをや
　　　　めるかな。(これは想定外の問い返し。子どもの発言を受けながら
　　　　自然に生まれたものである)

子ども：そりゃそうでしょ。

子ども：ん⁉　待てよ……。(子どもたちが悩み始めるのがわかる)

子ども：いや違うな。きっと○○は「責任」がなくてもやり続けるだろう。

教　師：なぜそう思うの？　そう思う人，手を挙げてください。

　　　　(あとは子どもたちの気づきを言語化し意味づけしていけばよい)

　いかがでしょう？　ああ，言うまでもないことですが，同じ問い返しをしても，同じ展開にはなりませんよ。なぜなら，子どもが違いますから。

17 入門編 終末の「落としどころ」を考える
授業としてのまとめ

「落としどころ」といっても，子どもたちを丸め込むわけではありません。納得解に向かってストンと落とすと考えましょう。

● 終末のあり方

　道徳授業の終末は，教師の説話や思いのこもったメッセージ，子どものエピソードなどを紹介して余韻を残して終わるというのが定番でした。自分自身を振り返った上で，今後の自分に向けたメッセージを書かせる場合もありますね。どうもそれに「決意表明」をさせるような押しつけがましさを感じたものでした。それらの反省から，オープンエンド的に「いろいろな考えや方法がありますね」という幕引きや，話の続きを考えるとか，登場人物に手紙を書くとか，関連するような歌を歌うなどというものも生まれてきました。

　ここではそれらの善し悪しではなく，終末の役割について考えてみましょう。道徳の授業に限ったことではありませんが，「何がわかったのか」「何を学んだのか」を子どもたちが自覚し，心に刻むということは必要でしょう。特に，道徳も教科になったのですから，1時間の学習内容をきちんとまとめる，それも子ども自身がまとめることが大事です。そう考えると，感想やまとめを発言したり，ノートに書いたりするという，「言語化」「キーワード化」はさせたいですね。ただし，その中身や扱い方が問題です。ただ感想を書くのではなく，学習内容につながる記述をさせたいものです。また，ただ発表させて終わるのではなく，それを受けて教師が意味づけしたり，友達同

士で共有し合ったりする時間を確保することが大切です。書かせっぱなし，言わせっぱなしで終わらないようにしましょう。

● 中身のある感想

　では，どうしたら中身のある感想を書かせることができるでしょうか。

　何より一番大切なのは，授業中に「もっと考えてみたい」と思わせられるかどうかです。つまり，実のある議論をさせられるかどうか。これがあれば，子どもたちは話し合いを通して「あ，わかった！」とか「そういうことか，それは素敵だな」などという「喜びを伴う発見」をしていくでしょう。それがあれば，「はじめは△△と思っていたけれど，今日の授業で○○ということがわかった」などと，本時の学びの成果を自分の言葉で語ることができるようになるでしょう。それがあれば，終末の感想タイムも中身のあるフィードバックタイムとなることでしょう。

　その際に，授業中に出てきたキーワードを使わせるとより効果的です。例えば，「『思いやり』『親切』『おせっかい』この３つの言葉を入れながら書きなさい」とか「『はじめは』『授業中は』『今は』『これからは』の４つを意識しながら書いてごらん」などと，一定の縛りをつけるようにします。これは，子どもたちが自らの学びの軌跡を言語化するのを支えるための指針ですから，学習のまとめとしての無理強い感はないでしょう。

　もう１つ重要なことは，終末も大事な授業の一部分だということです。あくまでも子どもたちのために行っているのですから，感想を出し合った上でそれを吟味したり，つけ加えたり，意味づけしたりする時間をとりましょう。

ポイント

・授業の体裁を整えるために授業の最後の５分に終末を位置づけるのではなく，終末の時間も利用して，子どもたちの思考の深まり・つながりを保障してあげましょう。

18 応用編 終末の「落としどころ」を考える
終末は次へのスタート

> 終末というと，これで終わりという感じですが，道徳の授業では「ここから始まる」と言った方が適切かもしれません。

ここからが本番

　授業としてはここで終わりという形になりますが，道徳教育の本質は，「実生活に生きて働いてなんぼ」のものです。だって，どんなに頑張っても授業は「机上の論」ですから。「空論」とは言いませんが。

　授業中にある種の感動を伴い学びとったことは，子どもたちの心に強く残り，実生活に直接的・間接的に影響を与えていきます。極端な話，授業をする前とした後で，言動の質が変わってくることもあるかもしれません。

　ですから，授業としては完結させますが，思考は完結せずに継続していることが望ましいわけです。というか，そんな簡単に人生の課題がわかったり，できるようになったりすると考える方が不自然ですよね。「わかったとしてもできない」「わかったつもりだったけれどまるでわかっていなかった」それが現実ではないでしょうか。と考えると，終末のあり方は次の2つが重要ポイントだと考えられます。
①現時点で何がわかったか，どんな心が動いたかを明らかにさせる
②本時の学びが子どもたちの背中を押してくれるように，励ます

　授業後の子どもたちの言動にまで思いを至らせながら授業を展開することがポイントです。

自己評価

　終末の役割のもうひとつに，「自己評価能力をつける」というものがあります。自分の学びを客観的に振り返り，メタ認知させるのです。子ども自身の評価能力を高めるというのも，評価の大事な観点のひとつだと思います。

◆「親切，思いやり」の授業
【導入】
教　師：親切な人ってどんなことができる人かな。

子ども：困っている人を助けてあげられる人。

【展開】
教　師：(登場人物の)○○のことをどう思うかな。

子ども：すごく親切だと思う。

教　師：そうだね，では，この○○を心配しながら見ている人は？

子ども：ちょっとは親切，だって心配しているから。

教　師：○○の親切を100としたら，いくつくらい？

子ども：え〜⁉　比べられないよ。

教　師：ということは，親切にはいろいろな形があるということだね。

【終末】
教　師：今だったら，「親切な人は」って聞かれたらなんて答える？

子ども：相手のことを思いやって，自分のできることをしようとする人。

教　師：なるほど。今日の話，いいなあと思った人は手を挙げてください。たくさんいますね。そう思えたみなさんにも，きっと思いやりの心はあるし，今日の学習でふくらんできていると思います。そのような思いやりのある親切をすると，どんなよいことがあるかな。

子ども：相手も自分もうれしくなる。

教　師：そういう場面があったら教えてくださいね。終わります。

19 授業後の子どもたちの動きを視野に入れる
「道徳教育」としての意識

> 道徳は週１時間の授業だけでは本当の意味での体得とはなりません。実際にやってみて，実感してこそ，ですね。

授業後の動き

　「学校における道徳教育は，特別の教科である道徳を要として学校の教育活動全体を通じて行うものであり……」（小学校学習指導要領解説）とあるように，道徳教育とは教育活動全体の中で行われるべきものです。

　ですから，学校全体の学習活動との関連・連携を図りながら，単元として教育活動の中の道徳教育を行うことが求められます。さらに言えば，学校内の教育活動全体にとどまらず，家庭や地域にまで広がっていくことが自然でしょう。

　そのような，いわゆる「事後活動」を視野に入れて一つ一つの授業を構想することが大事です。

年間計画や別葉はどうしたらよいか

　年度はじめに頭を悩ますもののひとつに，年間計画や全体計画といった，１年間を見通した計画づくりがあるのではないでしょうか。道徳の場合は「別葉」の作成が求められており，担当者の苦労もしのばれるというものです。

これらは何のためにつくるのかを改めて考えてみることで，より実りのある計画ができそうな気がします。

　前述したように，道徳教育は授業だけで完結するものではなく，教育活動全体の中の要として位置づけられ，それを起点にして様々な学習活動がより一層充実していくことを目指します。授業が始まってしまうと，どうしても１時間の授業のことに集中してしまい，前後のつながりや，長いスパンでの教育効果について考える時間がなくなってしまうのが現状ではないでしょうか。だからこそ，事前に一度，１年を見通しておくことは必要でしょう。

　ただ，１年を見通した上で計画をつくってしまって終わりではありません。むしろそこからが大事でしょう。授業をしながら必要だと思う活動をそのときの状況に応じて設定したり，計画を修正したりしながら完成させていきます。だから年度当初に完璧な計画をつくろうなどと頑張らないでよいのです。そう考えると，年間計画づくりをするのもちょっと気が楽になりませんか？

　例えば，こんなことがありました。私が２年生を担任していたときのことです。道徳で自然愛護の授業をしました。タイトルは「秋のおくりもの」で，内容は紅葉したイチョウの葉が素敵に色づいたことを，みんなで楽しみ合うというものでした。授業をした翌日，数名の子どもたちが「先生，ちょっときて」と私のもとへやってきました。どうしたのかと思って，言われるままに裏庭に行ってみると，なんとイチョウのじゅうたんが敷きつめられた広場に子どもたちが立っていました。「先生，秋のおくりものを見つけたよ」。なるほどなるほど，落ち葉を拾い上げてぱあっと飛び散らせて遊び始める子どもたちを眺めながら，これが実感を伴う学びだなあと感動したものでした。普段何気なく見過ごしている身近な自然にふれあう喜びを，子どもたちから教えてもらった気がしました。その後，予定にはなかった「中庭見学」を生活科の時間に設定し直しました。

　このような体験活動を，事前に設定したり，予定したりすることもできるかもしれませんが，目の前で起きている子どもたちの動きを捉えながら，その場で関連・連携を図っていく躍動感に勝るものはありません。

20 応用編 授業後の子どもたちの動きを視野に入れる

結果的にでき上がった年間計画こそ本物の年間計画

教師が意図する授業後の子どもたちの活動。そこから抜け出し，子どもたち自身が自らの主体性において様々な活動を始めたら本物です。

● 感動は現場で起きている

計画はあくまでも計画。

もちろん意識はしますが，必要以上にとらわれる必要はありません。むしろ，「現場で動く感性」を大事にしましょう。くれぐれも計画倒れにならないようにしたいものです。

授業後の子どもたちの動きを実り多いものにするためにも，授業を充実させましょう。これなしには何も始まりません。その上で，子どもたちがどのような「事後活動」を展開していくかが決まります。想定した活動もあるでしょうし，そうではない突発的なこともあるでしょう。教師はその両方に機を逃さずに対応することが望まれます。

指導者はそれを見通して，授業を点で視るのではなく，線で視ることが大事です。どの授業もそうだと思いますが，1時間単発の「点」ではなく，「線」でつながる関係性のある教育活動として認識することは，よく考えれば当然のことですが，忘れがちなことでもありますよね。

● 想定される「事後活動」

　子どもたちは授業後にどのような活動を展開するでしょうか。私の実践経験からいくつか紹介しましょう。これらは私の中では，今でこそ「想定内」のものですが，当時は「へぇ～！　そこまでやったか」というように「想定外」のものでした。

【事例①】　２年生　「授業後に家で家族会議を開くＢさん」

　Ｂさんは，授業が終わると毎回，家で「家族会議」を開き，その日の授業を振り返るとともに，家族で共有したそうです。

> 　道徳の授業がある金曜日の夜は，お父さん，お母さん，そして小学生になった妹も一緒に，その日に習った道徳の授業の内容について，私が司会をして話し合います。私はこの時間がとても大好きです。話し合いをすると，なぜか自分でもいい考えがたくさん浮かんできます。そのいい考えを，家族できちんとまとめます。まとめた答えが出ると，自分が絶対に正しいと思わなくなります。相手の考え方も大切にしようと思うようになります。

【事例②】　６年生　「あいさつ実験を始めたＣさん」

　Ｃさんは，あいさつの授業をきっかけに，「実験」をしたそうです。

> 　私はこの頃，母とある実験をしています。
> 　私の住んでいるマンションの13階に，無口な女の人がいます。私は登校するとき，よくその女の人とエレベーターで乗り合わせ，気まずい感じになります。でも，"あいさつ"の授業を受けてから，私は何とかしてこの女の人と"なごみ"をつくろうと思っています。

　いかがでしょう？　子どもたちの発想，行動力ってすごいと思いませんか？　そして，何よりも重要なのは，子どもたちに授業で火をつけることができるかどうかですね。そのような授業をするためのポイントは……本書の前のシリーズをご覧ください。

3章

教材研究&授業構想を
さらに極める鉄則15

01　子どもの実態に応じて発問を構想する

学習指導案に書く発問，どうやって決めていますか？
まさかいつでもどこでも指導書通りということはないです
よね？

● 発問の意味

　授業は指示と発問と問い返しによって進行します。この３つは役割が明確
に違いますから，それを理解した上で使いこなせるようにすることが大事で
す。それぞれの役割については，これまで何度かふれていますので詳しい説
明は避けますが，この順番で教師側の主導権は減っていきます。つまり指示
は教師サイドで主導しますが，発問から問い返しへとシフトするにつれ，子
どもサイドの主導性が大きくなります。もちろん全てを教師主導でもできま
すし，それもありですが，深く考え議論する道徳授業を目指すなら，子ども
サイドの主導性を大きくする必要があります。

　ですから，指導書に書いてある発問展開は，ひとつの目安と考えた方がよ
いでしょう。発問は１つではありません。強いて言うなら，向かう方向性，
子どもたちに考えさせたいテーマは１つです。それに向かって子どもたち自
身に考えたいと思わせ，話し合いに全員が何らかの形で参加し，最終的に道
徳的価値観をよりよく変容できるようにすればよいわけです。

　指導書に乗っかってそれができればそれでよし，どうもしっくりこないの
であれば，別の発問候補をいくつか考えておき，授業の流れ，子どもたちの
反応に応じて手を変え品を変え投げかけてあげればよいのです。

「学習指導案通りに授業を展開しなくてよいのですか？」という声が聞こえてきそうですね。その気持ちは一度捨てた方がよいと思います。もちろん，学習指導案は丁寧につくり上げる必要がありますし，大切にすべきです。けれど，「借り物の学習指導案」では意味がありませんよね。ましてや，「指導書通り」では，目の前の子どもたちが生かされません。

発問は自分で考える

指導書の発問は誰が考えているかご存じですか？　みなさんと同じ教師ですよね。たまたま道徳の授業研究に時間をたくさんかけることのできる先生方が，知恵を寄せ合ってつくり，実践検証し，修正して形にしているわけです。そこから得られた知見をもとに，「こういう類の発問はこれ」というように，全国の先生方におしなべて使い勝手がよいように，いわば一般的に通るようにつくっているわけです。ときには機械的に当てはめていると言っては言いすぎでしょうか。

ちょっと乱暴な言い方をすれば，いろいろな意味で全体の80％を目指しているわけです。これを100％にするのは，教育現場の先生と子ども，あなたと目の前の子どもたちです。ですから，あなた自身が発問を考えてもよいわけです。というか，最終的にはそうしなければいけません。授業中に浮かんできた発問を使ったってよいのですよ。

指導書や学習指導案は，どんなに頑張っても80％をこえることはできないでしょう。100％事前の想定通りにできてしまう学習指導案があるとしたら，もはやそれは学習指導案ではないですね。プログラムです。

80％を目指していると，いつしか80％に収めることが100％になってしまいます。逆に100％を目指していると，リアルタイムの議論の中から新たな問題提起なり発見なりが浮かび上がり，気がつくと120％になっている場合も出てきます。さあ，明日の授業，どちらを選ぶかはあなた次第です。

02 自分事として考えさせるポイント

他人事ではなく，自分事として考えさせることは必要ですね。けれど，功を焦ってしまうと，逆効果になりかねませんよ。

自我関与

　文部科学省は，質の高い授業展開の例示として３つの視点を出しました。

　その１つが「自我関与」です。心理学の用語ですが，要するに自分自身に関わりがあることとして，問題意識をもって学習に臨ませるということでしょう。だからこそ，「考え，議論する」活動につながり，最終的に「主体的・対話的で深い学び」になると考えてよいでしょう。けれど，この自我関与は取扱注意の結構くせ者です。安易な使い方をすると，効果がないばかりか，逆効果になってしまうかもしれませんよ。というのも，自我関与させる手立てとして今注目されているのが，「自分だったらどうする？」と聞くというものだからです。ちょっと使用場面を考えてみましょう。

　例えば，教材文の主人公が何かすばらしい行為をする場面が描かれていたとします。けれど，そのような行動をすぐにすることができたわけではありません。どうしようか迷い，ためらった上での行動でした。そしてこの発問。

教　師：あなたがこの主人公だったらどうしたでしょう。

子ども：自分だったらきっとできなかったと思います。

教　師：そうだよね，難しいことです。それをできた主人公のことをどう思いますか。

子ども：勇気があると思います。

子ども：やさしい人だと思います。

　さあ，道徳的価値につながる発言を引き出すことができました。自分事として考えさせながら，ねらいとする内容にふれる発言をさせることができたこの展開，どのように評価されますか？　「う〜ん，ちょっと違う気がする」と思われた方，次をお読みください。

● 自分を重ねて考えさせる

　「自分だったらどうする」的な発問は，万能ではないという話をさせていただきました。自我関与させる方法は，他にもいろいろあります。何といっても，「自分だったらどうする」は目的ではなく手段なのですから，そこから「どういうことだろう，他人事じゃないぞ。もっと考えたい」「なるほど，それはよいことだなあ，それなら自分にもできそうだ」「今度やってみたいな」というように，子どもたちの心が動くことが目的です。私が実践する中で見つけてきた「自我関与させる問いかけ」をいくつか紹介しましょう。

【導入】

　導入時に子どもたちの疑問や日頃抱えている問題意識を共有させ，今日の学習でそれに対する「答え」が見つかるかもしれないと思わせる。

　「みなさんは，こういうときにＡとＢどちらがよいと思いますか。そうですね，よくわからない。今日の授業で考え方がわかると思いますよ」

【展開】

　展開時に，登場人物のすばらしい行為ではなく，それを生んだ経緯に着目させる。

　「この○○さんがしたことは，すばらしいですね。でもみなさんは○○さんのようになるわけではない。とすると，今日の学習はみなさんにはあまり参考になりませんか？」

　紙面が尽きてしまいました。詳しい実践は４章でふれたいと思います。

03 教材「を」教えるから，教材「で」考えるに変える

他教科でもよく言われることですが，道徳の場合は特に気をつけなければなりません。

「を」と「で」の違いは何か

たった1文字ですが，大きな違いがあります。

いろいろな言い方ができると思いますが，「を」の方は，「教材に描かれている世界を是として，そのまま教える」ということです。「で」の方は，「教材に描かれている世界を考える材料として，その是非も含めて総合的に検証する」ということになるでしょうか。

例えば，友達と意見が合わず対立し，その後互いに歩み寄って仲直りしたという話があったとします。「を」の場合は，「仲直りできたときの2人の心情に共感し，みなさんも考えが合わなくても，互いに相手のことを考えて仲直り（仲よく）しましょう」などと締めくくります。「仲直り」の世界が是なのです。一方，「で」の場合は，「DさんとEさんの意見が対立した場合，DさんがEさんに歩み寄って意見を変え，対立（けんか）しないようにした方が仲よしと言えるか」をテーマに，子どもたちのもつ友達観を論じ合わせます。

このように書くと，「で」の方はかなり難しいことをしなければいけないような印象を受けるかもしれません。子どもたちの実態や教材の特性によって，「を」と「で」を使い分ける必要があるかもしれません。「を」の世界に

意図的に共感・共有させたい場合もあるでしょう。「で」の方は，低学年には難しいのではないかという意見もあります。けれど，子どもたちに投げかける段階ではもっと噛みくだいた言葉を使いますので，あまり難易度の問題は感じていません。また，低学年だからこそ「で」で行きつく世界が面白いと感じることが多々あります。

なぜ「で」なのか

「を」の世界は限定されたものであり，やり方がそのまま私たちの実生活に応用できるとは限りません。むしろ，当てはまらないことの方が多いのではないでしょうか。「を」の世界はあくまで参考材料であり，それをもとにして，「そういうことは他の場面でもありうるか」「そういうふうにできなかったらどうするか」「大切な考え方は何か」「そのような考え方をすると，どんな未来が見えてくるか」などを話し合うのが「で」の世界です。

　少なくとも，教師は「で」の世界から教材を読む必要があると思います。そうしないと人から与えられた価値観を，そのまま子どもたちに注入することになりかねません。今，深く考え議論する子どもたち，主体的・対話的な学びをする子どもたちの姿を目指して，教育が大きくチェンジしています。今を生きる子どもたちに何が必要か，教材から何を学ばせるかは，教師自身が自分の言葉で考え続けなければならないと思います。

ポイント

・「で」で考えることを基本にしましょう。「を」を教えようとすると，どうしても表面的な方法論になりがちです。それでは本質的な思考が停止してしまいます。
・教材を，よい意味で多面的・多角的に読みましょう。
・多面的・多角的な読み方の中には，斜め読み，批判的読み，仮説読みなども含まれます。

04 指導書はあくまでも「参考書」

 教科書は必ず指導書がセットになっています。時間がない ときなど，指導書片手に授業したくなりませんか？

指導書の意味

　ねらいのもとに行う教科ですから，授業はもちろん指導がなければいけません。教師が，その指導を効果的に行うための手引きですから「指導書」という呼び方で間違ってはいません。だからといって，指導書を金科玉条のごとく守り，その通りに展開すればうまくいくという性質のものではありません。そんな便利な指導書があったら，誰も苦労しません。苦労しないかわりに，面白くもないでしょうね。だって，誰がやっても同じ結果が得られるのですから。自分がやらなくてもよいわけです。

　「これを聞くことでこの意見を引き出し，それを受けて次の質問をする」。指導書は，決してこのようなできあいの展開をモデルに授業を進めるためにあるのではないでしょう。指導書は，あくまでも参考書です。あまり頼りにすると足をすくわれます。けれど，全く頼りにできないかといえば，もちろんそんなことはありません。まずは指導書の意味や役割を考えましょう。

　指導書には，

・全体の展開を俯瞰し，1時間の授業の流れをイメージできる

・自分自身の指導計画と照らし合わせることで，より広く深い授業構想を立てることができる

という，２つの役割があります。

何を頼りにするのか

　指導書を拠り所にするのは，新しい教材や内容項目にチャレンジするときや，自分の考える展開に行きづまりを感じるときなどにとどめておきましょう。ある程度，自分なりのものが見えてきたら，指導書は携えながらも拠り所にはせず，自分の信ずるところを拠り所にしましょう。例えば，「この教材では（指導書には書いていないけれど）この場面に着目させて考えさせたい」とか「この子たちにはぜひこの問いを投げかけ，真の友情について考えさせたい」などという，自分自身の信条に基づく指導計画です。

　以前，放送作家のＦさんにうかがった話です。ある売れっ子のお笑いタレントさんは，何でもお笑いのネタにしてしまうような，ある意味天才ですが，何もないとお笑いトークができないそうです。ところが，シナリオを渡すと，とたんに饒舌にトークが始まる。けれど，決してシナリオ通りには演じてくれない。私はその話を聞きながら，授業と似ているなと思いました。シナリオは，授業でいえば指導計画ですね。そして指導計画詳細が書いてあるのが指導書です。指導計画がないと授業はできない，けれど，指導計画通りにやることで，生きたトーク（話し合い）になるかというと，そうではない。お笑いと授業，まるで同じとは言えないでしょうが，どの世界も同じなのかなとも思いました。

　指導書には，「別案」というのがついていることがあります。指導計画Ａ案に対してＢ案もありますよということです。どちらで授業をするかは，指導者であるあなたが決めてくださいということです。つまり，１つの授業にも，様々な展開があってしかるべきであり，Ａ案を選んだとしても，教師の思いや子ども理解から，「ここは自分で考えたＣ案でいく！」と言えるものを見つけることができたら，本物。あなたは指導書の呪縛から逃れました。さあ，もう存分に指導書を見てもかまいませんよ。(笑)

05 はじめとおわりの
「学びの深まり」を考える

授業のはじめとおわり，子どもたちの学びの成果が見られない，全く変容がないのでは困りますよね。かといって，無理やりこじつけるのも……。

● 学びはどのように深まるか

　ひと昔前は，授業の終盤に子どもたちから本時のねらいに関するようなキーワード，例えば「思いやり」などという言葉が発せられれば授業は成功，みたいな気運がありました。実際私も，公開授業を参観していて，授業の途中でひとりの子どもが発言した瞬間，授業者の先生が「そう！　その答えを待っていたの！」と思わず口走られた場面に出くわしたことがあります。思わず苦笑いしてしまいましたが，その先生の気持ちもよくわかりました。授業後の研究協議でも，ねらいが達成できたかどうかを子どもたちの発言内容から評価される場合は，今でも結構ありますよね。

　子どもたちの学びは，いつどこで深まり，その深まりの判断基準はどこにあるのでしょうか。少なくとも，「○○が言えたら」「感極まって涙したら」などという基準ではなさそうです。

　では，どのような「学習状況」を子どもたちが結果として見せてくれれば，学びが深まったと捉えることができるのか。これはそのまま評価につながるポイントですね。結論から言えば，「○○が言えた」ではなく「○○について自分の言葉で説明できるようになった」「○○についてもっと多面的・多

角的な視点で考えようとした」「○○についてまるでわかっていなかった，ということに気づいた」などの学びに向かう姿勢が変容した事実を大切にしたいものです。

● 学びの深まりをどのように自覚させるか

　学びに向かう姿勢は，教師も見取りますが，子ども自身に自己評価させることもとても大切です。何よりも，そのような「わからなかったことがわかった！」「見つけられてうれしい！」「もっと考えたい」という子ども自身が自分の中で起きている知的革命（道徳的新発見・価値観の変容）を自覚することは，その後の子どもたちの生活をより豊かにするために欠くことのできない要素です。現在，教科化に伴って評価をどうするかが問われていますが，道徳科の評価は，そのためにするようなものです。子どもに還る評価です。

　では，そのような子ども一人一人の学びの深まりをどのように自覚させるか。簡単です。子どもたちに，はじめとおわりで同じことを問えばよいのです。同じことを問われても，その解が全く異なっていることに気づいたとき，子どもたちは授業の意味を実感し，学びの階段を自らの足でのぼり始めるのです。教師は当然，子どもたちに学びの変容が起きるように授業を仕組まなければなりません。そして，子どもたちが何を言ったかという結果ではなく，何を考え始めたかという過程を見取り，意味づけしてあげなければなりません。子どもたちだけでは気づけないことも多々あるのですから。それが教育というものでしょう。

ポイント

・子どもたちの「学びの深まり」は一人一人違います。同じゴール（答え）を要求するのではなく，各自の個人内の変容を見取ってあげましょう。

・同時に，子どもたち自身が自らの学びを客観的に振り返ることができるような場の設定と，意味づけをしてあげましょう。

06 子どもが考えたくなる「スイッチ」を入れる

何といっても，学習者である子どもたちにスイッチが入らなければ，何をやっても上すべりになってしまいます。どうやったらスイッチは入るのでしょう。

● スイッチはどこにある？

スイッチがどこにあるかわかれば苦労しません。子どもたち一人一人でその場所は違うかもしれませんし，スイッチの入れ方も人それぞれでしょう。また，同じ子でも日々スイッチの場所が変わるかもしれません。ですから，1つのやり方だけでは，いつまでたってもスイッチが入らずじまいで終わってしまう子も出てきてしまいます。

そもそもスイッチって本当にあるのでしょうか。みなさんどうお考えですか？　私はどの子にもあると思っています。いったんスイッチが入ると，人が変わったように発言が積極的になったり，逆にうるさいくらいに思いつき発言をしていた子が静かに考え始めたり，道徳ノートに書く内容が急に見やすくなったり，終業のチャイムが鳴っても，「もっと考えようよ」と話し合いをやめなかったり……スイッチが入った子どもたちの様相は様々です。共通していると思うことは，姿勢が前のめりになる，授業が終わっても考え続ける，というような本気モードに入った姿が見られることです。

そして，スイッチが入ると，どんなことが起きるでしょうか。これもいろ

いろですが，次のような「変容」が見られます。

○指名しなくても，つぶやいたり隣同士で話し合ったりする

　よい意味で，お行儀よく順番を待って発言することがなくなります。「え
〜，ちょっと待って〜」とか「う〜ん，だけどさあ」などという声が自然に
聞こえてきたら，スイッチが入ったと捉えてよいかもしれません。

○問いに対する発言が多様化する

　教師の問いに対して数名の手が挙がり，そのうちの誰かが指名されて発言
すると，他の子たちの手が下がる場合がありますね。これはスイッチが入っ
ていない証拠です。スイッチが入っている子どもたちは，「それにつけ足し
て」「そうだけど，ちょっと違う」とか「あ，今の○○さんの話を聞いて思
いついたことがある」などと，どんどん広がっていきます。

○子どもの方から「提案」がある

　「先生，じゃあこういうときはどうなんだろう」とか「先生の考えを聞か
せて」などと子どもたちの方から動き始めます。こうなったら，教師はなる
べく自分の「出番」を抑えて，子どもたち主体で授業を進めたいですね。そ
のうち，授業を始める前から，「先生，今度の道徳の授業で□□について考
えたい」などと，提案をしてくるかもしれませんよ。

　では，どうしたら子どもたちのスイッチを入れることができるでしょうか。

スイッチの入れ方

　これは，「こうしたらよい」というような万能薬みたいな方法はありませ
ん。子どもたちを見ながら，探していくしかないでしょう。何度も申し上げ
ているように，内容項目の捉え方を変える，教材の読みを変える，発問を変
える，板書を変える，道徳ノートを活用するなど，このシリーズでお伝えし
てきていることが参考になると思います。

　このあとの章の中でも，教材のタイプ別に具体的にお伝えしていきますの
で，お楽しみに。

07 教材別授業構想①
物語文教材は山場を見極める

> 教材にもいろいろなタイプがあります。一番オーソドックスで，けれども扱いが難しいのが物語文教材かもしれませんね。

● 物語文教材の傾向と対策

　これには道徳の授業のためにつくられたものではない物語文と，物語形式をとった道徳教材の2つのタイプがあるでしょう。いずれにしても子どもたちの実生活とはまるで関係のない，「架空の世界」です。その世界の中で想像力を広げ，楽しむのが国語的な読みだとしたら，その世界の中から実生活につながる考え方を導き出して，自分事にするのが道徳的な読みとも言えるかもしれません。

　ただ読んで感想を述べ合うだけでは自分事になりにくいでしょう。それどころか「現実にそんなうまい話があるわけない」とか「どうもこの展開は納得できない（入ってこない）」となってしまっては，それこそ無理やり共感させていかねばならないような展開になってしまうかもしれませんね。このような理由から「物語文教材は苦手」という声もあるのではないでしょうか。

　しかし，これはそもそもの前提が間違っています。物語文教材はそのような1つの型を示しているにすぎないのです。ですから，その型が当てはまらないのはどういうときか，その型はまるっきり意味がないのか，その型が当てはまるために大切なことは何か，というようなことを，型をもとにして実生活に照らし合わせて考えさせればよいのです。

物語文の型

　ほとんどの場合，主人公の変容が描かれています。よいことをしてハッピーエンドで終わっているか，もしくはハッピーエンドではないにせよ，何か考えるべき方向性を示唆して終わっているかの違いはありますが。そこで取り上げるべきところが重要です。

　それが山場ですが，道徳で物語文教材を読む場合，山場はどこだと思われますか？　どうしても結果に目がいってしまいがちですが，目をつけるべきところはそこではありません。そのような結果を生んだ心，変容を起こした原動力を明らかにするのです。そこが山場です。正確に言うと，山場に至った原因を探るわけです。

　具体的には「なぜを聞く」とよいと思います。「この登場人物の〇〇さんはなぜこのような行為をすることができたのだろう」または「なぜできなかったのだろう」といった感じです。そして，次の問い返しが大事です。例えば「他の子を見習おうと思った」と子どもが答えたとします。そうしたらその発言を受け止め，「なるほど，そういう気持ちはみんなもあるかな。じゃあ，この〇〇さんは，自分ひとりではできなかったかな」などと，別の理由がある可能性を聞いてあげます。そこから，「きっとこういう考えもあると思う」「自分だったら……」と話し合いが活性化してきたらしめたものです。

ポイント

・物語文の山場は，「起承転結」の「結」ではありません。「転」でもありません。「転」や「結」を引き起こした，もしかしたらはっきりとは書かれていない，おおもとの心です。それを明らかにするために，まずは物語文の中から登場人物の変容を生み出したものを見つけましょう。そのためには，「なぜ」を聞くのが基本ですが，大事なのは「なぜ」のあとの「だって」の中味です。

08 教材別授業構想②
生活文教材は説教くさくならないようにする

　物語文教材と違って，子どもたちの身近なエピソードだけに，より自分事として考えやすいというメリットがある反面，落とし穴もあります。

● 生活文教材の傾向と対策

　今言われている「自我関与」，つまり自分事として考えさせるためにピッタリの教材と言えるかもしれません。物語文教材よりも，はじめから垣根をひとつ越えてくれていますから。自作教材を創る場合にも，このような日常のエピソードを織り込んでいくことが多いのではないでしょうか。

　子どもたちに身近な分，自然な形で，より一層自分たちの生活に密着させて考えさせることができるでしょう。このように書くと，何の問題もないように感じますね。全部生活文教材にしてしまえばよいとさえ思えてきます。

　けれど，落とし穴もあります。あまりに実生活に近い形で教材文が提示されますと，「これって，（自分のクラスの）○○くんみたいだ」というつぶやきが出てきます。声に出して言わなくても，どうしても現実の場面や，実在の仲間を連想しながら読んでしまいがちです。その時点で，かまえてしまう子もいるかもしれません。

　そして，現実場面に当てはめながら読みますから，登場人物がどうしたこうした，「これはよかった，ああいうことをしてはいけない」といった，行為・行動に目がいきがちです。結果として，「登場人物を見習って」とか「登場人物みたいにならないためにどうするか」といった，「学級活動」に近

いものになりがちです。そうすると，どうしても説教くさくなります。

　生活文教材を創ったり，使ったりする場合は，そのような落とし穴があることを自覚・認識した上で行う必要があるでしょう。

● 生活文教材を使うときの処方箋

　生活文教材は身近な問題を扱い，子どもたちが考えやすい素材だからこそ，一度一般的な思考回路を通して話し合う必要があると思います。つまり，「こういうときはこうすべき」くらいのことは，子どもたちも知っていますから，身近な話題で「こうすべき」が書いてあれば，「それを肯定すればよい」と思うでしょうし，その逆なら「そうしなければよい」というように，回答をはじめから用意して話し合いに臨むことになりかねません。

　話し合いも，「このときは，もしかしたらこういう理由があったのかもしれないよ，自分もそういうことがあった」などと，具体的な会話が飛び交い，表面上は盛り上がります。けれど，気をつけないと表面的な身の上話に花が咲いて時間が過ぎてしまいかねません。

　「登場人物は，はじめからこのようなことができたのか」「もし，やりたくてもできなかったら，この登場人物のしたこと（しようとしたこと）に意味はないのか」「この登場人物に共感するところはどこか」などを聞くことで，悩んだり葛藤したりする気持ちに寄り添いながら，教材を読ませることが大事でしょう。間違っても，「こういうときはこうした方がいいんだよねぇ」みたいに，ちょっと「したり顔」で話し合いが進むようなことがないようにしたいものです。

ポイント
・生活文教材こそ，教材の世界にひたらせるよりもなるべく早めに本質的な世界に入りましょう。もしかしたら「自分だったら」は聞かない方がうまくいくこともあるかもしれません。

09

教材別授業構想③
ノンフィクション教材は「同じ人間」として扱う

> 偉人・達人の話だったり，すごい世界が描かれていたりする話も，遠い世界のことではありません。

● ノンフィクション教材の特性

　ノンフィクションというと，事実や記録に基づいた文章や映像ということですから，教材でいうと，史実に基づいたものとか実話ということになります。つくり話ではない分，それだけで重みがあり，説得力があります。身につまされるようなこともあるかもしれません。そしてそこに描かれる世界は，偉人や達人がすばらしい成果を挙げたこととか，有名なエピソードとかでしょう。もちろんそれらを成し遂げた人はすばらしいし，見習うべきところがたくさんあるでしょう。

　だからこそ，慎重に扱っていかないと，それこそ「教材に登場する△△さんのしたことはすばらしい。だけど，自分にはできそうもない」みたいに，他人事で終わってしまいます。それではそのすばらしさにどんなに共感させたところで，「世の中には自分たちとは違う世界の人がいるんだなあ」という感じになり，元も子もないことになってしまいます。かといって，「○○ができた登場人物はすばらしいなあ，自分もそういうふうになりたいな。これから頑張ろう！」と決意表明をさせても，どこかしらじらしさが否めません。

● しらじらしくさせないためのポイント

　しらじらしくなる要素のひとつは，実現不可能と思いつつも理想を掲げさせることです。できないとわかっているのにそれに向かって頑張ると言うときほど，むなしくてしらじらしくなることはありません。では，どうしたらよいのでしょうか。そのポイントは，どんな偉業を成し遂げた人でも，自分と同じ人間だと自覚することです。偉人・達人は神様のようなイメージで，一切間違えたりサボッたりしないというような「信仰」めいた妄想をもってしまうからいけないのです。そりゃあ，相手が神様だったら，「自分には無理」となるにきまっています。けれど，相手が自分と同じように悩み，間違える存在なのだと知れば，「ああ，自分もまだ何かできることがあるかもしれない」と思うでしょう。これが共感的理解です。ましてや，子どもたちはまだ生まれて10年かそこらの未完成形ですよね。相手はその何倍も経験を積み重ねてきた完成形です。それを比べるというのはいかにも乱暴です。では，「同じ人間として」考えさせるための具体的な発問で考えてみましょう。

・この登場人物は，はじめから才能があったから○○ができるようになったのかな？　……でも，才能がある人はたくさんいるよね。この人が他の才能がある人と違ったところは何？

・この登場人物は，○○ができるようになったところがすごいんだね。では，○○ができるようにならなかったら，この人のことはすごいと思わない？

・みなさんは，この登場人物と同じことをしたら，同じような結果を出せると思いますか？

・この登場人物は，はじめから○○ができていたのかな。みなさんと同じ年の頃はどうだったのだろう。そこから現在までの道のりを考えてみよう。

・みなさんは，この登場人物と同じ職業につくわけではありませんよね？　だとすると，この人から学んだことは，まるっきりあなた方の生き方の参考にはなりませんか？

10 有名教材をアレンジする①
「はしのうえのおおかみ」

「アレンジ」には「整理する」「手はずを整える」などの意味がありますが，ここでは「新しく構成し直す」という意味で使います。

● 「はしのうえのおおかみ」をどう読むか

　表面的に読めば，いじわるなおおかみがくまのやさしさにふれて心を入れ替える話です。それをそのまま捉えれば，「えへんへん」と意地悪に心地よさを感じていたおおかみは，力の使い方がよくない，いけない心の持ち主。一方くまは自分の力の強さをやさしい方向に使っていて，よい心の持ち主。強いのにやさしさを大事にしているくまの心に感化され，改心するおおかみは立派だし，自分たちもそういうことがあったとき，やさしい心を優先させてみんな笑顔で仲よく過ごしましょう。ということで，それに沿う展開も容易に思い浮かべることができます。

　しかし，ちょっと視点を変えて，「おおかみを変えることができたのは何なのか」という問いを立てて考えてみましょう。

①くまのやさしさに感化されて，おおかみの心があたたかくなったから

②力のある者だからこそできるかっこいいやり方に，「そういうやり方もあるのか」とやりたくなったから

③くまでもやっているんだから，自分もやらねばという義務感が生じたから

　いかがですか？　答えはおそらく①でしょう。これは子どもたちに聞いても同じ反応だと思います。ではうかがいますが，もし相手が「くま」ではな

く，「たぬき」だったら，そして「たぬき」はおおかみを持ち上げることができませんから，橋の手前で待っていておおかみに道をゆずってあげたとします。これも立派なやさしさですよね。さあ，おおかみは「たぬき」のやさしさに感化されるでしょうか？　これは意見が分かれると思いませんか？よけいにいい気になって「えへんへん」と渡ってしまいそうな気もします。

　私が言いたいのは，教材の善し悪しではなく，どんな教材も多面的・多角的に読もうと思えばいくらでも深く考える要素をもっているということです。

● どうアレンジするか

　前述したような問いを子どもたちに投げかけても，混乱するだけでしょう。ですから，次のように聞いていったらどうでしょうか。
〈□発問，投げかけ　　■問い返し，意味づけ，フィードバック〉
□はじめのおおかみも，あとのおおかみも，気分がよさそうですね。その気分のよさは同じですか？　違いますか？
□おおかみは別人に変身してしまったのですか？
■おおかみにも，友達と仲よくなりたいとか，やさしくしたいという心はあったのですね。
□おおかみがくまから伝えてもらったことは何でしょう？
□くまの後ろ姿をじっとながめていたおおかみはどんなことを考えていたのでしょうか。
□おおかみはこのあと，他の動物たちに対してどんなことをするでしょう。
■でも，自分より大きな動物がきたら，このやり方は通用しませんよ？
□みなさんは，くまのことをどう思いますか？
■ということは，みんなの中にもくまと同じやさしさがあるということだね。
□今日の学習は「はしのうえの通り方」を覚えたということでよいですか？
　この順番に全部とどこおりなく流すということではありません。教材をきっかけに，子どもたちと考える目安として，ご参考まで。

11 有名教材をアレンジする②
「心と心のあく手」

これは一見やりやすそうに見えて，結構奥深い教材です。
3ステップくらい踏む必要がありそうです。

● 「心と心のあく手」をどう読むか

　主たる内容項目は「親切，思いやり」です。ところが，この登場人物の「はやと」くんは，一貫して思いやりの気持ちから親切をしようとしています。結果的に重そうな荷物を持って歩いているおばあさんに，「荷物を持つ」という目に見える親切はできなかったけれど，それは親切にしなかったということにはなりません。

　では，どんな親切をしたかというと，「おばあさんの気持ちを尊重して黙って見守る」という親切です。「荷物，持ちます」と声をかけたはやとくんより，見守ったはやとくんの方が相手のことを思いやっている＝親切にしている，と読むならば，「自分にとっては親切のつもりでも，相手にとってはよけいなおせっかいの場合があるから，相手の気持ちをよく考えた方がよい」というメッセージを受け取ることもできそうです。これが第1ステップ。

　第2ステップは，声をかけたはやとくんも何もせず見守ったはやとくんも，両方親切。「親切とは何かをすることではなく，相手のために何かをしようとする心にある，それを思いやりと言うんだよ」という読み。

　第3ステップは，見守ったはやとくんは，おばあさんの気持ちを察した上で，相手にとって一番よいと思うことをし，それを自分自身もよしとしてい

80

る。だから，「直接お礼を言われたり，何かをやったという達成感を感じたりはしないかもしれないけれど，自分自身の中に満足感が残る。そういう心を使った親切をしたいね」という読み。

少なくとも，このような3ステップの読みができそうです。間違っても，「よけいなおせっかいになるから，相手の気持ちを確かめてから親切にしましょう」などという杓子定規な行動規範を習得させて終わりとすることのないようにしたいものです。

● どうアレンジするか

基本は，この教材を使って，親切の意味や人間的な高いレベルでの喜びに気づかせたり，考えを深めさせたりすることだと思います。
〈□発問，投げかけ　■問い返し，意味づけ，フィードバック〉
□はじめ（声をかけた）のはやとくんと，あと（黙って見守る）のはやとくんの違いは何でしょう。どちらが親切だと思いますか。
■でも，はじめの方は声をかけているけれど，あとの方は何もしていない（目に見えるアクションをしていない）ですよ？　それでも親切にしたことになるのですか？
■「あのおばあさん」は自分で頑張りたいと思っていて，はやとくんができることは何もないのだから，ついていかなくてもよかったのでは？
□どちらの親切が笑顔が多いでしょう？
□無事に家についたおばあさんを見てうれしそうにしているはやとくんのことをどう思いますか。
□心と心のあく手はいつどうやってできたのでしょう。みなさんもできそうですか？
□「本当の親切とは何かが少しだけわかった」とありますが，はやとくんは何がわかったのでしょう。

12 有名教材をアレンジする③
「手品師」

素敵な世界が描かれていますが，あまりに心酔すると溺れます。キーワードは「ひたる」世界から「考え，感動する」世界へ。

●「手品師」をどう読むか

　自分の夢の舞台よりもたったひとりの男の子との約束を選んだ手品師。普通はできない，「他利」の孤高の世界が描かれています。それ自体，何ら否定されるものではありません。「そういう世界もあるんだなあ」と物語として読む場合はそれでよいかもしれません。

　しかし，自分の生き方とつなげた読み方をする場合は話が違ってきます。「自分だったらどうする」とか，「手品師の生き方から学んだことは何か」などというように問われたら，「うっ」となりませんか？　だって，たぶんできないから。逆に「はい，同じようにできます」「私も手品師を見習って約束を大事にできる人になります」などと何のためらいもなく言えたとしたら，それは本当にこの話を読んだことになりません。だって，自分の人生をかけて目指してきた大舞台の重みを，全く理解していないからです。それこそ他人事として読んでいる証拠でしょう。自分事として読めば読むほど，そう簡単に「男の子との約束を守ります」という結末を受け入れられなくなるのが本当でしょう。

　つまり，いい話としてひたるというよりは，自分事として本当に大切なことは何なのかを考える授業にするところに，この教材を生かす道があるとい

うことです。

　「たったひとりの男の子の前で手品を演じる手品師の気持ちを想像しよう」という問いに対して「男の子を喜ばせることができた，これでいいんだ。大劇場へは次のチャンスでも行ける」と答えさせることが目的ではないような気がしませんか。

●「手品師」ではなく，「誠実」を考えさせる

　道徳の授業の場合，常に自分自身の生き方との比較において話し合いが進みますから，あまりに「手品師」メインでいってしまうと，手品師を信奉するか，自分の気持ちを押し殺して合わせるしかなくなってしまいます。ここは思いきって「手品師の誠実性」について考えさせるようにチェンジしてみたらどうでしょう。

〈□発問，投げかけ　　・子どもの反応　　■問い返し，意味づけ〉

□手品師は自分の本当にしたいことを抑えて，男の子との約束を（不本意ながら）選択したのだとしたら，それは誠実な生き方ではないのではないか。

・いや，気持ちが変わったんだ。それでいいと思う。

■みなさんだったらどうするか。

・大劇場に行く。

■大劇場に行くという選択も自分の心に誠実ではないか。

・確かにそうだ。

・いや，自分は男の子の方へ行く。

■約束を守ることが誠実と考えるなら，迷わずに男の子の方へ行くと考えられた方がよかったのか。

・そうとも言えない。

□手品師に誠実性を感じることができるなら，それはどこ（何）だろう。

■誠実に生きるってどういうことだろう。

13 授業構想はあくまで「構想」であると自覚する

「想定外」という言葉がありますが，道徳授業の場合，これはあってはならないことではなく，あるのが普通のことと考えたいですね。

●「想定外」と「想定内」

授業は何といっても子どもたちの発言や反応によって展開します。子どもたちはこういうことを言うであろう，考えるであろうという見通しをもってことを進めることは必要です。ですが，「こうしたらああなるだろう」「このくらいまではいくかもしれない」というような到達目標を「想定」するのは，その「想定内」にとどめることが目的ではありません。「想定外」の反応が出たとき，それをもとにどれだけ発展させていくことができるかが大事です。そこに考えることを楽しむ世界が広がっています。矛盾する言い方になりますが，「想定外」を想定しておくのです。

昨今の自然災害は，「観測史上初」などと報じられることが多いような気がします。いわゆる「想定外」です。ですが，自然の歴史は地球誕生とともに変遷していますから，年月に換算すれば46億年です。それに対して人間の知恵の蓄積などたかだか数千年でしょう。そんな人間が，自然のことを知り尽くして何が起きるか想定できると考える方がおかしいのかもしれません。人間も自然の一部と考えるなら，子どもはまさに自然児です。どんな反応をするかを全てコントロールすることなどできません。逆に，してしまったら（してしまおうとしたら），もはや人間教育ではなくなってしまいます。

● 想定外を楽しむ

「想定外」には手放しで歓迎できるものとそうでないものがあります。

前者は，「子どもたちここまで気づいたか!?　予想以上だ」さらには「え!?　そうか，そういう考え方もできるなあ，子どもってすごいなあ，ねえみんな，今○○ちゃんが言ったことについて考えてみようか」と，教師自身も背中を押されるようなリアクションです。

では後者はどんなものでしょう。

例えば，1年生を担任し，「かぼちゃのつる」の授業をしたときのことです。自分の畑で頑張ってツルを伸ばすスイカと，他人の場所にまで好き勝手にツルを伸ばすカボチャを比べて，「どちらがよいか」を聞きました。当然「わがまま勝手をしないスイカがよい」というのが「想定内の反応」です。ところが，みんながスイカがよいという中，Ｇさんは1人だけカボチャに手を挙げたのです。ある意味，これは「想定外」ではありませんか？　授業中にＧさんのような反応をする子がいたら，どんな対応をするのがよいのでしょう？　あわてふためいて結果的にスルーという事態だけは避けたいものです。

私は1人でも自分の考えを主張しようとするＧさんの勇気と信念に感心しつつ，「どうしてそう思うの？」と聞きました。すると，Ｇさんは「私もカボチャだから」と答えたのです。Ｇさんは決してカボチャのわがままを容認しようと主張しているのではなく，カボチャのままスイカのよさを取り入れたらよいと言いたかったのです。「カボチャはダメだね，みんなスイカのようにお行儀よくなりましょう！」なんて締めくくるより，よほど人間的な教育だと思いませんか？

ポイント
・想定外を想定して，それを楽しむ余裕をもちましょう。きっと新しい授業が見えてきますよ。

14 最後には「構想」を捨てる

「構想」の立て方にもいろいろありますね。少なくとも人の立てた「構想」に100%乗っかることはやめましょう。

「構想」の種類と性質

まず指導書や実践報告などに載っている「構想」。

これは一般性や汎用性はありますから，「こうやっておけば，ほぼ間違いない」というものです。「確かにそういう傾向はあるなあ」くらいの占いみたいなものです。血液型が◇型の人は○○という傾向が強いとか，星座が☆座の人は△△という星を背負っているなどというのと同じです。これはどこかで軌道修正しなければならないでしょう。だって子どもが違うのですから。逆に，何度も学習訓練をして，この構想から外れない子どもたちが育ったらそれはそれでちょっと怖い気がします。

自分で考えた「構想」。

オリジナルですが，もちろん，これも一般的な構想があってのことです。そこからどれだけ，教師の思いや子どもたちの実態，そして教材の特性や内容項目の理解を深めた上で色づけできるかです。これは人のふんどしで相撲をとりませんから，ある意味臨機応変に展開を操作・修正しながら，進めることができます。

●「構想を捨てる」とは

　捨てるというとちょっと乱暴なニュアンスがありますが，要は必要に応じて取捨選択するということです。「これしかない！」という展開は，容易に「こんなはずじゃなかった！」に陥ります。そしてその矛先は，往々にして子どもたちに向けられます。それだけは避けたい。

　もしくは，指導展開に問題があったのではないかということで学習指導案の見直しが始まります。しかし，どんなにその作業を積み重ねたところで，完璧な学習指導案ができあがることはないと言ってよいでしょう。時間と労力をかけるべきは，どれだけたくさんのカードをもてるか，切り札を用意できるかです。カードがたくさんあれば，子どもの反応に合わせていくらでも取捨選択できますね。これが「構想を捨てる」ということのひとつです。

　もうひとつは，手持ちのカードにないものをその場で手札にするという，高等技術です。それができると授業は確実に変わります。なんといっても子どもたちの意識が変わります。「何を思いついてもいいんだ」「どんなことを言っても，先生は取り上げてくれるし，そこから新しい答えが見つかるんだ」という気づきこそ，主体的な学びの入り口でしょう。

　「構想を捨てる」というのは，「構想を否定する」ことではありません。イメージとしては，「構想」を積極的に検討・見直しをしながら，いかに子どもたちに寄り添ったものにできるかです。そして結果的に「こうなった」という形が次の「構想」のもととなります。けれど，同じ構想が，別の学級で通用するとは限らないということを肝に銘じておきましょう。

ポイント

・よい意味で「構想を捨てる」意識をもちながら授業をしていく気概が必要でしょう。そうしないと，生きた授業はつくれません。何といっても，授業を楽しむことがポイントです。

15 「構想」を超えたところに新しい授業がある

構想を超えた世界ってどんな世界なのでしょう。そんな世界があるのでしょうか?

構想を超えた世界ってあるの?

構想を超えた世界はこれだ! と示すことはできません。示すことができた時点で,すでに構想内ですから。では,構想を超えた世界って本当にあるのでしょうか?　あります。

ある先生の中では構想内だけれど,別の先生にとってはまるで構想を超えたものだったというものもあるでしょう。子どもたちがのびのびと考え,教師の凝り固まった構想を飛び越えるというものもあるでしょう。いずれにしても,構想を超えた世界があるという自覚は大切だと思うのです。

そう考えると,「これでこの授業構想はバッチリ」というものはないような気がします。「これだ!」と思っても,また次の日には違う構想が浮かんできたり,子どもの成長によって変わってきたり。「一生勉強」ですね。うれしいことです。

構想の超え方

まずは展開を「答えありき」のものから,「答えは自分たちでつくる」に変える必要があります。「自分たちでつくる」といっても,都合のよいよう

につくり変えるということではありません。一般的に答えと言われているものが，なぜ答えたりうるのかを納得のいくまで考えるのです。その中で，「ああ，答えはもっと深いところにあって，まだ行きつかないけれど，行く方向が見えた」もひとつの答えです。そのような展開にするためには，子どもたち一人一人の意見をよく聞く必要があります。教師によく聞いてもらい，友達同士もしっかり聞き合う環境が整うと，「自分とは違う意見が貴重」になる学習体験を重ねることができます。

　これが，構想を超えるための重要な要素です。構想は教師が立てるものですが，それを超えるのは子どもたちです。それを認めるのが教師の役割です。教師が，超えようとする子どもたちをどこまで応援し，結果を出してあげられるかにかかっています。

　私は道徳専科として，週に11時間，道徳の授業をしています。毎年同じ教材を使うこともありますし，同じ内容項目の授業も1年生から6年生まで学年を替え，学級を替えて，何度も行っています。当然展開もそのときに応じて修正したり，全く別の構想で行ったりしています。その中でも発見がたくさんあるものです。また，ときに全くノープランで教室に入ることもあります。そうすると，あれよあれよと新しいものが見えてくるのです！　もちろん，毎年やっている蓄積があるからこそノープランという冒険もできるので，実際は全く無策で臨んでいるわけではないのですが。

ポイント

・道徳授業には「こんなもの」という「壁」がある。これが「K」です。しかし，「K」にはその先に進む「扉」がある。それが「T」です。しかしその「扉」は黙っていても見つかる，開くものではありません。その「扉」を開く合い言葉は「オープン，セサミ！」です。その先があると信じ，子どもたちと可能性を切り拓いていく決意をした人にだけ，その扉はオープンするのです。「壁を扉に変えてオープンする」これがKTOです。

4章

教材研究&授業構想を
生かした道徳授業

01 1年生・教材「二わのことり」の授業

どんな授業も，まずは内容項目理解，そして教材研究，授業構想ですね。

内容項目理解

1・2年生の「友情，信頼」の内容項目は，学習指導要領では「友達と仲よくし，助け合うこと」となっています。友達と仲よくするとはどういうことでしょう。この命題はこれまで様々な言葉で表され，意味づけられ，実証されてきました。けれどそれで解決したわけではありません。教師が，子どもが，自分自身の言葉で納得のいく答えを見つけることが大事です。何度も考え，試し，更新していく中にこそ，本質や真理が見えてくるのです。

少し考えてみましょう。友達とはどういう存在でしょうか。もちろん一緒にいて楽しい，居心地がよい存在というのはあるでしょう。しかし，だからといって，いつも相手が楽しくなるように，気をつかいながら一緒にいるというのも違う気がします。このように，1つ「仮説（予想）」を立てたらその逆を考えてみるクセをつけるとよいでしょう。思考が広がりますし，子どもたちの予想外の反応に対しても，落ち着いて対応できるようになります。

教材研究

さて，内容項目についてひとしきり考えたら，次に進みましょう。教材理

解（研究）です。「二わのことり」にはよりよい友達関係が描かれていると仮定しましょう。どこでしょう。もちろん，みそさざいがやまがらの家に行ってあげたところですね。やまがらは涙を流して喜び，みそさざいは「やっぱりこっちにきてよかった」と思うわけです。

　しかし，このみそさざいの行動のよさを子どもたちと共有するためには，いくつかのステップ（試練）を乗り越えなくてはなりません。だって，「友達と仲よくし，助け合うこと」が大事なんでしょう？

・だったら，うぐいすの家にいる鳥たちだって「仲よく」していますよ？

・やまがらは助けられていますが，助けてはいないから，「助け合う」ではありませんね？

　さあ，どうしましょう？　これに答えられないと，ゴールに行けません。

　これが教材理解（研究）です。ただストーリーを把握し，山場を見つけ，教材分析表を書き上げるのが教材研究ではありません。

● 授業構想

　ここでようやく授業構想です。どうしても「授業をどうすればよいか」が先にきてしまい，内容項目理解や教材研究があと回しになってしまいがちですよね。しかし，この２つがあってこそ，生きた授業が生まれるのです。

　さて，どのように展開しましょうか。先の２つの疑問をそのまま問いにしてもよいでしょう。そのためには，導入で子どもたちの意識（予想）を言語化させ，言質をとっておくとよいかもしれません。こんな感じです。

【導入】仲よしの友達だからできることって何でしょう

・一緒に楽しく遊ぶこと。

・困っているとき助け合える。

【展開】この話の中に，「いいなあ」と思う仲よし，友達はいますか

・みそさざいです。

□そうですか，でも，うぐいすの家にいる鳥たちも，みんなで一緒に楽しく

過ごしていますよ？　こちらも仲よしなのでは？

・う～ん，そうだけど，何かちょっと違う。

□何かちょっと違うと思う人はどれくらいいますか？　その中でわけが言える人は？　言えないけれど違うんだよなあと思う人は？　では，何かわけがありそうですね。そのわけを考えることができたら，みなさんの友達レベルも上がるかもしれませんね。今日はそれを話し合いましょう。

　このような展開にしたら，子どもたちはのってきて，話し合いも面白くなると思いませんか？　しかし，これで安心！とは思わないでください。というのは，この展開はあらかじめシナリオを全部用意するわけにはいかないからです。出だしは教師が主導権を握って進めますが，次第に子どもたちに委ねていきます。ですから，子どもたちの反応に合わせて，その場で臨機応変に展開を修正する必要があるのです。これを大変と思うか，面白いと思うかは，あなた次第。

● 実際の授業

　次のやりとりは，私が１年生を担任したときの授業記録です。

教　師：それでやまがらの家に行ったみそさざいはどうだった？

子ども：きてよかったと思った。

子ども：はじめから行った方がよかったと思った。

教　師：「きてよかったな」だね。あれ!?　こっち（うぐいすの家）にも「よかった」があるぞ？「やっぱりうぐいすの家にきてよかった」「やっぱりやまがらさんの家にきてよかった」あれ？　両方よかったがあるぞ？

子ども：「ことりたちのよかった」と「みそさざいのよかった」は違う。

教　師：何か違う？

子ども：うん違う。全然違う。心が違う。相手の心と自分の気持ち。

教　師：相手の心と自分の気持ちが違う？　どう違うっていうところをもう

少し説明してくれるかな？

子ども：ことりたちはやまがらさんの気持ちを考えないで，うぐいすの家に行っちゃった。

教　師：それで遊んで，食べて，楽しい楽しいとやっているよね。そういうよかったなのかな？

子ども：でも，みそさざいさんは「かわいそうだな」と思って，やまがらさんの方へ行った。

　「よかった」「楽しい」という言葉には，いろいろな意味があります。道徳的なよかった，楽しいは何なのか，どこにあるのかを明らかにしていくことが大切でしょう。

子どもたちの反応・評価

　このような「ゆさぶり」に対して，子どもたちはどのような反応をするでしょう。確かに，「ああ，うぐいすさんの家もいいな」と思う子もいるでしょう。けれど，そこから「いや，でも何か違う」と思考を発展させるのも子どもの柔軟さゆえです。

　そのような，思考の変容を評価してあげましょう。そうすれば，子どもたちは「ああ，自分の考えはまとまっていなくてもいいんだ，それをまとめる努力をして，変わっていくことも大事なんだ。そういう思いを素直に言葉にしていいんだ」と思うことでしょう。そうすれば，きっと授業自体が変わってくることでしょう。

ポイント
・どの教材，授業にも言えることだと思いますが，まずは内容項目に対する理解を深めましょう。そもそもきちんと向き合って考えたことがないのが実情ではないでしょうか？　子どもたちと授業中に考えることも含め，様々な角度，観点から内容項目と教材を見直すことから始めましょう。

● 二わのことり―会心の一撃編―

　これまで私は「二わのことり」の授業は，何度も行ってきました。その度に新しい発見や感動がありました。その中でも「会心の一撃」と言えるものがあります。それは，私が担任した１年生で行った授業です。30年あまりの教師生活の中で，１年生を担任したのはこの一度きりです。その「一期一会」の授業記録，これは前シリーズのときにもアウトラインは紹介したのですが，今回は紙面をお借りして，全過程を，しかも解説つきで紹介したいと思います。私にとっては，それだけの価値がある記録だと思っております。ご参考いただければ幸いです。

【授業記録】
場所：筑波大学附属小学校　１年生教室
日時：2015年６月13日（土）
教材名：「二わのことり」
〈※は発言以外の子どもたちの様子や教師の動き　☆は加藤の補足解説〉
※号令
教　師：昨日は何の勉強をしたのかな？
子ども：「おもいきって」（教材名を言う）
教　師：Hくんがとてもよい感想をまとめてきたので読んでもらいたいと思います。立ってみんなの方を向いて，聞こえるように読んでくれるかな。
子ども：仲よくすると，みんなで遊べて楽しい。
※拍手
☆これは，前時の勇気の学習の振り返りである。導入で子どもたちの感想文を紹介し，子どもたちの言葉を使いながら，考える観点を揃えるのである。
教　師：もう少しつけ足すね。「本当はしょうたくんは意地悪じゃない。み

んなが勇気を出して言わないから乱暴をやめない。みんなが怖がらずに『ボールをとらないでね』と言って仲よく遊ぶことを教えてあげる。そうやって仲よくして，みんなと遊べるととても楽しいよ」って書いてくれたんだよね。

※板書【なかよくする】

教　師：「なかよく」って言葉が出てきたけど，どういうふうにすると仲よくしたことになるかな？

☆このように，ポイントとなる言葉を子どもの言葉を使って提示し，本時の内容項目に近づけていく。

子ども：意地悪をしない。

子ども：けんかをしない。

※板書【なかよく〜する】

教　師：では，【〜】に言葉を入れてごらん。何が入る？

子ども：仲よく遊ぶ

教　師：遊ぶという言葉が思い浮かんだ人？

※多くの子が挙手

子ども：仲よく帰る。

子ども：仲よく行く。

子ども：仲よく食べる。

子ども：仲よく思いきって遊ぶ。

子ども：仲よく走る。

教　師：ではこの中で，どれが1番ピタッと当てはまるかな。1回だけ手を挙げてね。

☆手を挙げさせることで，全員の発言を促すのである。どれか当てはまるものに必ず1回手を挙げるという「追い込み」は，子どもたちの思考を能動化させる手立てのひとつである。

※多くの子が【仲よく遊ぶ】に挙手

教　師：それ以外の人？

※多くの子が挙手

子ども：仲よく元気にする。

子ども：仲よく話す。

教　師：仲よくするというのが，どれにも入っているんだね。

子ども：仲よく勉強する。

※板書【二わのことり】

教　師：では，「二わのことり」のお話の中で「仲よしなのは誰かな」を考えながら読んでね。

教　師：読む前にノートに黄色い字（仲よくする）と言葉（仲よく〜する）を書きましょう。全部書いた人は，自分が選んだところに〇をつけてください。

教　師：もう書けたと思います。書けていない人も鉛筆を置きましょう。さっき言ったくらいの字の数だったら，もう書けていないといけません。鉛筆を置いてください。どういう気持ちで読むのでしたか？

子ども：頑張る気持ち。

教　師：頑張る気持ちもそうだけど，「誰が仲よしなのか」考えながら聞いてくださいね。

☆このように，事前に「読みの視点」を与えて教材を読ませることが重要である。ただ読むだけでなく，子どもたちは「あ，ここにあった」「あれ，これはどうかな」などと，主体的に読むであろう。

※教材【二わのことり】読み聞かせ

教　師：はい，仲よしだぁれ？

☆子どもたちのスイッチが入ってくると，教師のこの問いかけは必要なくなる。読み終わると，教師が何も言わなくても，子どもたちの方から自然に「見つけた！」と発言が出てくる。

子ども：みそさざいとやまがら。

※板書【挿絵（うぐいすの家とやまがらの家）】

教　師：この中で仲よしは誰ですか？　指をさして，せ～の！

※多くの子がみそさざいとやまがらの絵を指さす

教　師：えっ，うそ？　一緒に遊んでいるのはどっち？　一緒に食べている
　　　　のはどっち？　みんなと一緒に行っているのはどっち？　一緒に帰
　　　　ると走るはないけれど，一緒に元気にしているのはどっち？　仲よ
　　　　く話しているのはどっち？

※問われる度に子どもたちはうぐいすの絵を指さす

教　師：ということは，うぐいすの家の方が勝ち？

子ども：違う！　あっち！（やまがらの家）

☆これが「理屈と直感の食い違い」である。理屈で考えたら，みんなで楽し
　くしているうぐいすの家が仲よしを具現化しているように見えるが，直感
　的にやまがらの家のよさに気づいているのである。それを明確にしてあげ
　ることで，子どもたちの思考に自ずと「問い」が生まれてくるであろう。

※多くの子がみそさざいとやまがらの絵を指さす

教　師：だって仲よく食べられないよ，やまがらの家は。仲よくお話しもで
　　　　きないじゃん。

子ども：こっち！　こっち！（やまがらの家）

※多くの子がみそさざいとやまがらの絵を指さす

教　師：じゃあもう1回聞くよ。うぐいすの家の方が仲よくしていると思う
　　　　人は左手，やまがらの家の方が仲よくしていると思う人は右手，わ
　　　　からない人，考え中の人は両手を挙げて。はい，どうぞ。

※多くの子が右手を挙げる（左手を挙げている子を指して）

教　師：どうして左手なの？

子ども：うぐいすの家の方が，何人もいっぱいいておしゃべりしている。

教　師：そうだよね。みんなで仲よくしているよね。

子ども：だけどさ……。

教　師：それに対してお話がある人はどうぞ。

子ども：うぐいすのお家はやっぱりきれいだけど，うぐいすの家に行ってし
　　　　まうと，やまがらのところはさみしいから誰かひとり行った方がい
　　　　い。

教　師：そう思う人？

※多くの子が挙手

教　師：ということは，うぐいすの家でみそさざいは「誰かひとりくらいや
　　　　まがらの家に行ってあげればいいのにな」と思っているわけだね。

☆このように，子どもの言葉を使いながら，こだわりどころに念を押すので
　ある。そうすることによって，子どもたちの思考は流れずに，ポイントを
　押さえた思考・話し合いができるようになってくる。

子ども：うぐいすの家はきれいだし，食べ物もたくさんあって楽しそうだけ
　　　　ど，やまがらの家は食べ物も少ししかなくてさみしい。

教　師：「うぐいすの家が楽しそうでいいぞ」っていう人が増えてきたのか
　　　　な。

子ども：よくないと思う。だってさ，え～っと。

子ども：うぐいすの家はにぎやかだけど，みそさざいはさみしいという感じ
　　　　だからやまがらの家に行った。

教　師：うぐいすの家のみそさざいは悲しい顔をしているね。あとのみんな
　　　　はどんな顔？

子ども：にこにこ。

教　師：楽しそうだね。

子ども：やまがらは誕生日なのに……。

教　師：みそさざいだけがやまがらのことを考えていた。やまがらのことを
　　　　どうやって考えていたの？　みそさざいだけは他のことりとは違っ
　　　　てやまがらのことを考えていたと言ったね。やまがらのことをどん
　　　　なふうに考えていたの？

子ども：ひとりぼっちで大丈夫かな？

子ども：やまがらは誕生日なのにひとりでかわいそう。

教　師：みそさざいとうぐいすの家に行ったことりたちの違いって何かな？

Ｉくん：みそさざいは，ことりたちはみんな楽しそうにしていたから，誰か
　　　　ひとりでもやまがらの家に行った方がいいなと思っていた。

教　師：同じ考えの人？　　うまくまとまっていなかったけど，Ｉくんの話を
　　　　聞いてそうだと思った人？　　違う考えがある人？

☆友達の意見に対して，どう思ったかをきちんと反応させる訓練である。授
　業中に，他者の意見を聴きながら思考を深める練習をしているのである。

Ｊくん：心と気持ち。

Ｋさん：うぐいすの家は楽しそうにしていて，やまがらの家は誕生日なのに
　　　　誰もこないで花も飾ったのに悲しい。

☆このような，本質にふれる発言が出たら，「しめた！」と思うであろうが，
　あまり大げさにせず，けれど決してそのまま流さずに，ここでさりげなく
　問い返すことがポイント。

教　師：聞こえた人？　　聞こうとした人？　　Ｋさんが言っていたことを言え
　　　　る人？　　Ｋさんはもう少し聞こえるように言おうか。周りの人は聞
　　　　かせてもらおうという気持ちで聞こうか？　　はい，Ｋさんもう一度
　　　　どうぞ。

Ｋさん：うぐいすの家は明るくて楽しそうだけど，やまがらの家は花も飾っ
　　　　ているのに誰もきていなくて全然違う。

教　師：やまがらはちゃんと花も飾ってお出迎えの準備もしているのにね。

子ども：Ｊくんが言った心と気持ちのことなんだけど，うぐいすの家に行っ
　　　　たことりたちは，みんなやまがらのことを考えていない。

教　師：ことりたちはみんなやまがらのことを考えないで，それで，そのこ
　　　　とりたちはなんて言ってた？

子ども：「楽しい」「こっちへきてよかったね」

教　師：これが気持ちだ。「よかったね」っていう気持ち。でもみそさざい
　　　　は心を使ったってことかな？　心を使ってやまがらのことを考えて，
　　　　最初はうぐいすの家に行ったけど，やっぱりなんだか楽しくなくな
　　　　っちゃってやまがらの家にきたんだ。これで，いいかな？

Lくん：みそさざいは全員の気持ちを考えている。

教　師：Lくんが言ったこと，わかった人？　どうしてそう思うの？　なん
　　　　で全員のことを考えているの？　考えていないからやまがらの家に
　　　　行ったんじゃないの？　やまがらのことしか考えていないんじゃな
　　　　いの？

☆この場面もそうであるが，子どもからポイントとなる発言が出たと思った
　ら，その言葉をもとにぐいぐい問い返し，つきつめていく。そのためには，
　教師がポイントを判断するアンテナを張っておく必要がある。

子ども：違う。うぐいすの家は，きれいだしいっぱいごはんも出るけど，や
　　　　まがらの家はごはんがひとつも出るわけではないから，行ってあげ
　　　　ようと思って。やっぱり，もし自分がやまがらだったらさみしいだ
　　　　ろうなと思って行った。

子ども：みそさざいは，どっちに行こうか迷ったから，はじめはうぐいすの
　　　　家に行って，その後にやまがらの家に行った。もし，やまがらの家
　　　　に行っていなかったとしたら，せっかくやまがらがお花を準備して
　　　　くれたのに，見てくれなかったらもったいない。だから，そのこと
　　　　を思って，みそさざいはやまがらの家に行った。

教　師：なるほど。全員鉛筆置いて前を見て。じゃあ聞くよ。みそさざいは
　　　　他のことりたちとちょっと違って，いろいろな人たちのことを考え
　　　　て最後にやまがらの家に行ったのだね。「やまがらは誕生日なのに
　　　　かわいそうだな。誰かひとりくらい行ってあげた方がいいな。仕方
　　　　ない，ぼくが行ってあげようか」と思って行ったのだと思う人？

そうじゃない気持ちで行ったのだと思う人？

※どちらも均等に手が挙がる

教　師：2つに分かれましたね。もう1回聞くよ。やまがらはひとりで待っていました。やまがらのことに気がついてあげられたから，だから誰かひとりくらいと仕方なしに行ったのだと思いますか？　思いませんか？　思う人？　思わない人？　わけが言える人？

子ども：お誕生日にやまがらさんをひとりぼっちにしてはかわいそうだと思って勇気を出して行ったのだと思う。

教　師：勇気を出したんだ，ここで。そうだね，ひとりで行くって大変なことだもんね。でもみそさざいは勇気を出したんだ。思いきって行ったんだ。仕方なしに行ったわけじゃないんだ。

子ども：誕生日だから1回くらい行こうと思った。

子ども：誕生日は1年に1回だけど，うぐいすの家の音楽のおけいこは何回も行けると思うから行った方がいいなと思った。

教　師：1年に1回のことだから，「あぁ，やまがらさんはどんなに待っているだろうか」と思ったら勇気がわいてきてやまがらの家に行こうと思ったんだ。誰かに命令されたわけではなく。うぐいすの家の中の誰かが，「誰かひとりくらい行った方がいいよ，よし，じゃあみそさざいさん行っといで」って言ったわけじゃないんだ。そういうこと？

※多くの子がうなずく

教　師：それで行ったらどうだった？　みそさざいは？

子ども：きてよかったと思った。

子ども：はじめから行った方がよかったと思った。

子ども：勇気を出してよかった。

教　師：「きてよかったな」　あれ，こっちにも「よかった」があるぞ？「やっぱりうぐいすの家にきてよかった」「やっぱりやまがらさんの家にきてよかった」　あれ？　両方よかったがあるぞ？

☆これは教師がはじめから用意していた問いである。両方に「よかった」が
　あるけれど，その「よかった」には質の違いがある。それを子どもたちに
　気づかせ，考えさせたい。ポイントは，その問いを出すタイミングである。

子ども：「ことりたちのよかった」と「みそさざいのよかった」は違う。
教　師：なんか違う？
子ども：うん違う。全然違う。心が違う。相手の心と自分の気持ち。
☆これまでの一連の流れがあったからこそ，子どもたちは「全然違う」とい
　う判断が容易にできるのであろう。
教　師：相手の心と自分の気持ちが違う？　どう違うっていうところをもう
　　　　少し説明してくれるかな？
子ども：ことりたちはやまがらさんの気持ちを考えないで，うぐいすの家に
　　　　行っちゃった。
教　師：それで遊んで，食べて，楽しい楽しいとやっているよね。そういう
　　　　よかったなのかな？
子ども：でも，みそさざいさんは「かわいそうだな」と思って，やまがらさ
　　　　んの方へ行った。
教　師：「かわいそうだな」と思ってやまがらさんの方へ行った。そのよか
　　　　ったというのは，心が違うっていうのはどういうことなのだろう
　　　　か？　整理するよ。鉛筆を置いて，黒板を見て。両方によかったが
　　　　あります。両方のよかったは違いそうだということがわかったね。
　　　　何が違うのって聞いたら，心と気持ちのつながりが違うよっていう
　　　　ようなことを言ったね。もう少し考えて。これってどういうこと？
　　　　心が違うってどういうこと？　お隣同士で考えてごらん。
☆このような，核心にふれる学習活動の場合は，全員の視線を集中させて，
　議論の中心を全員に落とし込んでから話し合いに移らせたい。

※心の違いについて話し合う時間

教　師：ストップ。途中まででもいいから言ってごらん。途中まででもいい
　　　　から一生懸命言ったら必ずお友達がそれにつけ足しをしてくれるか
　　　　ら。

子ども：「やだ」って言ったときはなんかちょっと悲しくて，「いいよ」って
　　　　言ったら明るくてうれしい感じ。

教　師：「やだ」っていうのはどういうこと？　「いいよ」っていうのはどう
　　　　いうこと？　相手が嫌な気持ちになったら自分も嫌な気持ちになる
　　　　っていうこと？　相手がいい気持ちになったら自分もいい気持ちに
　　　　なるってこと？

Mくん：じゃあ，どうしてうぐいすの家でみんな楽しそうになっているのに，
　　　　みそさざいは楽しくならなかったの？

教　師：Mくんが言っているのは，どうしてみそさざいがみんなが「楽しい，
　　　　いいよ」って言っているのに楽しくなかったの？　どうしてやまが
　　　　らの家に行ってやまがらが「いいよ」って言って楽しくなったの？
　　　　ということだね。

子ども：心と気持ちがだんだんつながってきた。やまがらの家に行って。

子ども：うぐいすの家も楽しいけれど，やまがらが気になっちゃったからや
　　　　まがらの家に行った。

教　師：気になっちゃったらつまんなくなっちゃった。いろいろな楽しさよ
　　　　りももっと大事なことに気がついたのかな，みそさざいは。すごい
　　　　ね。友達が喜んでくれたら自分もうれしいということ。こういう心
　　　　の使い方，体の使い方をみそさざいはしたんだね。こういう心の使
　　　　い方ができる友達っていいね。

子ども：やまがらはかわいそうだと思って行きたくなっちゃった。

教　師：行きたくなっちゃったんだ，仕方なくじゃなくて。やまがらさんの
　　　　方を考えたら行きたくなっちゃったんだって。その気持ちや心がわ
　　　　かる人？

※多くの子が挙手

教　師：こういう心でみそさざいはやまがらさんの家に行ったんだよ。すご
　　　　いね。そういう心と気持ちのつながりができたんだ。相手のことを
　　　　思って「相手が喜んでくれると自分もうれしいよ」と思っていろい
　　　　ろなことを言ったりやったりすると，なんだか自分もうれしくなっ
　　　　ちゃった。そういう友達なんだね，みそさざいさんは。じゃあ聞く
　　　　よ。みんなはこの中の誰と友達になりたいですか？

教　師：うぐいす？　ごちそうもらえるよ？

※誰も手を挙げない

教　師：ことりたち？　ワイワイガヤガヤできるよ？

※誰も手を挙げない

教　師：みそさざい？

※多くの子が挙手

教　師：やまがら？

※多くの子が挙手

子ども：どっちも。

教　師：それ以外？　先生が聞いた以外にこういう友達になりたい。仲よく
　　　　したいという人？

子ども：みそさざいとやまがらと仲よくしたい。

子ども：やまがらとみそさざいの方だけど，うぐいすも一緒にお友達になり
　　　　たいし，みんなお友達になりたい。

子ども：あぁ～。

教　師：みんなっていうのは，誰と誰とか，好きな人同士とか，この人だけ
　　　　とか，自分の仲よしグループだけではなくて，みんななんだ。こう
　　　　いう心がもてたら本当にみんなと仲よくできるかもしれないね。

子ども：私はやまがらとみそさざいと友達になりたいと思います。なぜかと
　　　　いうと，人のことも考えて，やさしくしてくれるから友達になりた
　　　　いと思いました。

教　師：やさしい心を使っているんだね。友達に対してね。Jくんが言った
　　　　ことって友達を思うやさしい心だったんだね。今日のお話で仲よく
　　　　するってどういうことか，考えが変わった人いますか？　最初はこ
　　　　ういうふうに思っていたけど，これだけじゃないなって思った人？
　　　　それを言葉で言える人？　今言える人いますか？

子ども：一緒に仲よく暮らす感じ。

子ども：ひとりぼっちの人は一緒にいてあげる。

Nさん：友達が喜んでくれると自分もうれしいって思って，それに気づいた
　　　　ことが大事だと思った。

教　師：そうだね，そういうお勉強だったね。Nさんが言ったことわかっ
　　　　た？　それに気がついた人はきっと友達同士で仲よくなれるかな。
　　　　そういう心を使って生活をしたらどんないいことがありますか？

子ども：友達がたくさんできそう。

子ども：仲よくしていける。

教　師：相手のことを思って生活すると友達たくさんになるんだね。「とも
　　　　だちたくさん　うれしいな」っていうのはそういう意味だったんだ
　　　　ね。いっぱいでワイワイギャーギャーやるだけじゃなくてね。じゃ
　　　　あ最後に友達とたくさん歌おうか。

※その場に立ち，手をつないで「さんぽ」を歌う

教　師：終わります。

※号令

02 2年生・教材「ぐみの木と小鳥」の授業

これも低学年の定番教材ですが，結果に焦点を当ててしまうと，思わぬ方向に行ってしまうかもしれません。

● 内容項目理解

　内容項目は，言うまでもなく「親切，思いやり」。学習指導要領では「身近にいる人に温かい心で接し，親切にすること」となっています。これを読んでおわかりのように，心と行動の二本立てとなっており，それには順序性があります。どういう順序かというと，

①相手のことがわかればわかるほど，「かわいそうだな」「大変だな」という相手の立場に寄り添う思いが増えてくる。

②すると自ずと「何かをしてあげたい」「したい」「せずにいられない」という気持ちがわいてくる。

③そのような心を使い，自分ができることをする。

④相手が喜んでくれると我がことのようにうれしく思い，「してよかったな」という満足感が生まれる。

　そして，

⑤これまでの経験や心の使い方を生かして，新しい局面でもどうすべきかを自分なりに考えることができる。

　⑤までくると，考えなくても条件反射的にできることも増えるかもしれませんし，そういう世界が広がることが大人になることなのかもしれません。

けれど，本来は「そういうもの」「そうしておいたら間違いない」といった行動規範的な価値基準で動くのではなく，毎回新たな心持ちで，「こういうときはどうすることが一番だろう」と，いちいちおおもとの心に立ち返って行動できるのがベストでしょう。

ですから，拠り所とするのは一般的な価値観ではなく，自分のよき心，すなわち思いやりの心となるわけです。これが順序性というか，構造です。

● 教材研究

このような，よりよく生きる心を拠り所にした道徳的な価値観をもとにこの教材を読むと，どんな読みができるでしょう。

まず，ことりの「行動」だけを見て，「親切」でくくることはできないでしょう。ことりは終始，けなげにぐみの実をリスのもとへ届け続けます。この行動をひとこと「親切」でくくってしまうと大変なことになります。「親切＝よいこと」前提ですから，それを肯定した自分自身も，いつでもどこでも，雨でも大風でも，不平不満をもたずに親切な行動を続けなくてはなりません。そうなると，「みなさんも，大変でもよいと思ったこと，親切な行動は，頑張って行いましょう」というような，無理を強いるメッセージになってしまいます。ですから，行動と心をセットで考える必要があるのです。

この教材で言えば，「なぜことりはここまでのことをしようと思うことができたのか」を問うことです。

● 授業構想

ここで授業構想が見えてきました。

ことりがこのような行動を起こしたおおもとの心（生む心）を明らかにするため，子どもたちに認識させるための問いを投げかけます。その投げかけに対する反応から，もっと深い認識，気づきを獲得させるために，さらなる

問い返しをしていきます。

　例えば，ぐみの実をくわえてリスのもとへ飛んでいくことりの思いに共感させる展開ですが，ただ気持ちを聞くだけではさらっと流れてしまいかねません。ですから，子どもたちが「リスさんのことが心配だったから」と発言したら，そこから深く入っていく必要があります。
□心配していたのはぐみの木さんだよね？　ことりさんはぐみの木さんのために行ったのでは？
・はじめはそうだったかもしれないけれど，だんだんとことりさんもリスさんのことがわかってきて，心配な気持ちがふくらんだんだよ。
というようなやりとりができそうです。
　板書もそれに合わせて，子どもたちにおおもとの心が見えるように，視覚化します。下の写真は，私が行ったときの実際の板書です。チョークの色や太さを変えてかくと，より効果が大きいでしょう。

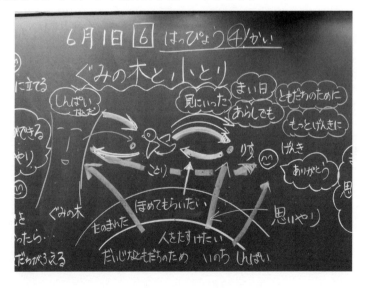

子どもたちの反応・評価

　子どもたちは，はじめこそ行動面から読みますから，「ことりがえらい」だの「ぐみの木もやさしい」だの，いろいろと言いますが，ちょっと「でも，ぐみの木さんは何もしていないよね」などとツッコミを入れると，とたんに「そんなことはない」「心配している」「リスさんからも心配の矢印が出ている」などと，教材に描かれていない目に見えない世界に，容易に入り込むことができます。これが子どもたちの順応力，柔軟性だと思いますが，もしかしたら大人にはできない発想なのかなあと思います。

　その証拠に，スイッチが入った子どもたちはどんどん「想定外」を言い始めます。

子ども：先生，この題名変えましょう！

教　師：なんで？

子ども：だって，リスさんが入ってないじゃないですか。

教　師：はあ〜……。

子ども：先生，ぐみの木とことりさんはお医者さんよりすごいですね。

教　師：なんで？

子ども：先生，この実は，リスさんの身体だけでなく，心も治してます。

教　師：はあ〜……。

　というように感心することばかりで教師の出番はどんどん少なくなります。

「行為・行動がどこからきているのか」を明らかにする

　「よかれと思った行動をする」ことは，一般的にはよいことです。例えば重い荷物を持って歩いている方のために，荷物を持ってあげることはよいことでしょう。ですが，もっと大切なことは，その「行為・行動をどの心から

行っているか」ということです。どんなに立派な行動でも，その心が虚栄心や犠牲心では困りますよね。

　つまり，「行動と心をセットで考える」ということです。これが道徳の授業の考え方の基本です。それを具現化するために，発問や板書を工夫するのです。

ポイント

・「行為」は意志を伴う行いを言い，「行動」は無意識的動作を含めたものを言うというように差別化を図るのが一般的です。つまり，行為はそれを起こす主体の意志が見えるのですが，その意志がどこからきているのかも，重要です。マイナスの意志では困るのです。

● 視覚的な板書

　板書の機能は，学習内容を記録していくことだけではありません。子どもたちに考えるきっかけを与えたり，より一層考えやすくするために「一目瞭然」化したりするのです。

　道徳には，理屈で考える部分と，感覚的に考える部分の両方が必要です。もう少し詳しく言うと，「道徳的に」分別よくわきまえて考える場合と「人間的に」直感で考える場合とを併用していくと言えるかもしれません。それを板書に反映させるのです。

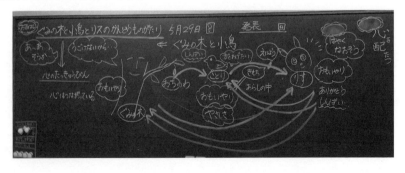

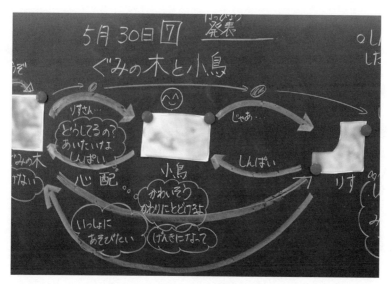

　この写真のような板書を子どもたちの発言に合わせてつくっていくことで，子どもたちは「ぐみの実を届けることりさんからは確かにやさしさの矢印が出ているけれど，ぐみの木さんやリスさんからも出ているぞ」と，直感的に捉えます。捉えると，「あれ，教科書には書いていないのに，なぜ自分はそう思ったのだろう」と，考え始めます。これが教科書を超えた思考，つまり「見えないものを見せる」ということです。

　教科書の読み取りではなく，深く考え議論する授業の実現のためには，授業の中で，なるべく早めにこのような自問自答の領域に子どもたちを投げ込んであげることがポイントです。そのための手立てのひとつが，「板書の見える化」です。

ポイント

・本教材で言えば，登場人物から出ている「思いやり光線」を矢印でかいていきます。そのときのポイントは，子どもたちの気づきに応じて，線の長さ，太さ，向き，種類をかき分けていくということです。それだけで子どもたちはいろいろな発見やつぶやきをし始めます。お試しあれ。

03 3年生・教材「ないた赤おに」の授業

この教材はかなり長文ですね。ストーリーを追っていたら時間が足りなくなりそうです。効率よく時短する方法があります。

内容項目理解

　「二わのことり」と同じ「友情，信頼」の教材ですが，中学年になったので「友達と互いに理解し，信頼し，助け合うこと」というように，少し項目が増えています。まあ，長くなっても基本的な考え方は同じです。

　基本的な考え方は，「友達を大切にするということは，友達のために犠牲になることではない」「よりよい友達関係とは，互いによい影響を及ぼし合っている」ということ。つまり，関係性が対等であり，双方向であるということです。

　さっそく，教材研究に入りましょう。

教材研究

　この教材は，おにの世界と人間の世界が出てきます。これはある意味，自分の世界と他者の世界に置き換えて考えることができますね。また，身近でよく知る存在とそうでない存在とも捉えることができます。

　また，いくつかの大きな変容が描かれているという特徴もあります。それは，まずは赤おにを取り巻く環境の変容，そしてそれに伴う赤おにの友達観

の変容です。その変容は，目に見える形ではハッピーエンドにはなっていません。一読すると，なんだか悲しい，さみしい話だけれど，目に見えない部分では，何かが育っている。つまり，悪い変容とは言えないところが勘所です。ですから，そこをきちんと捉えないと，単に赤おにや青おにに同情して終わってしまうことになりかねません。あくまでもこの話をきっかけにして，よりよい友達関係とはどのようなものかを話し合い，考えさせるための材料として捉えましょう。

授業構想

　授業構想と板書構想をつなげて考えていきたいと思います。私は，結構この方法を使います。教材の世界を図式化して考えていく中で，自然に内容項目のポイントや考えどころが見えてきて，そのまま板書にもつながっていくし，授業構想もできあがるという一石二鳥のやり方です。
　本教材では，赤おにと青おにの対比を前面に押し出しながら図式化していきます。

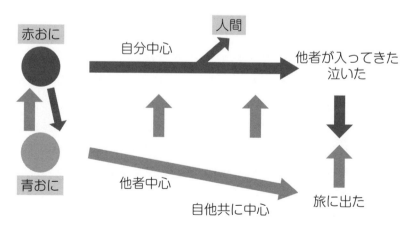

　このように図式化してみると，赤おにと青おにの両者の対比や，赤おにの意識の変容が時系列でよくわかるようになります。そうしたら，はじめの赤

おにと最後の赤おにとでは，何が違うのか，気づいたことは何なのかという問いが生まれます。また，赤おにと青おにの友達に対する意識の違いや，友達としてのレベルの違いも見えてきそうです。それを問いにしてもよいでしょう。例えば，「赤おにの友を思う心と，青おにのそれとでは，違いはないか。どちらが友達としてよいと思うか」などです。

● 実際の授業

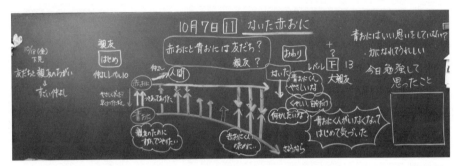

　実際に授業場面でも，構想通りの図式をそのまま板書して子どもたちに提示しました。すると，赤おにから青おにへの「思いのライン」よりも，青おにから赤おにに向かうラインの方が圧倒的に多いことに気づきます。それを子どもたちにかかせたり，声を拾いながら教師がかいたりします。

　子どもたちは，青おにから赤おにに向かうラインは「もっと長く，太く」というように，視覚化したからこそ言える表現をして，心の強さに気づき始めます。そして，最終的には，旅に出て会うことのかなわなくなった最後の場面こそ，赤おにがはじめて青おにの思いに気づき，赤おに自身の青おにの友としての自覚が高まった，「両思い」の素敵な友達関係が描かれていることに気づくのです。

　赤おにの涙のわけは，単にさみしいとか後悔とかだけではなさそうです。

● 子どもたちの反応・評価

青おには，赤おにに対して「思いやり光線」をずっと出していた。

赤おには青おにが「いて当たり前」だと思っていた。「当たり前が当たり前でない」ことに気づいた。「友達」が「よい友達」に，そして「本当の友達」になった。離れていても友達。最後は身体は離れてしまったけれど，心は一番近づいた。ぼくもそういう友達をつくりたい。

今日授業をやって，赤おにの泣いた本当の意味がわかったような気がした。きっと赤おには，青おにがいなくなってはじめて本当の友達は人間ではなく，青おにだったとわかり，それで青おにのやさしさに赤おには泣いたんじゃないかなと思った。

赤おにの本当の幸せは，人間の友達をつくることではなくて，青おにと仲よくすることだと思った。

子どもたちは，この教材を通して，真の友達とはどういうものかを考え，気づき，自分もそうありたいというように，自然に自分自身の生き方へとつなげていくのです。

ポイント

・変容が明確に描かれている教材では，その変容の前後の比較や，二者の対比から見えない世界を見せる工夫が必要です。その工夫のひとつとして，板書の図式化・時系列化は有効です。

・授業構想時から板書構想をつなげていくと一石二鳥です。

● 二者の対比を中心にした板書

❶教師が基本的なラインを黒板にかく

　赤おに，青おに，人間の位置関係を，時間と空間を意識しながらかいていきます。それを見て，子どもたちはいろいろ言いたくなってきます。

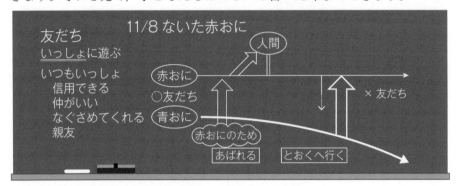

❷子どもたちに黒板前に出て補足説明をさせる

　言いたくなった子どもたちは，「ここはもっとこう」などと言いながら，黒板の図につけ足しをしていきます。そこから2人の関係性がはっきりと見えてきます。

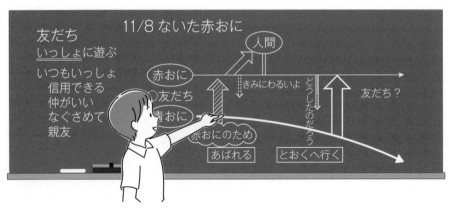

他学年の実践・道徳ノート

　この教材は，中学年で扱われることが多いようですが，高学年でも実践可能です。高学年で行えば高学年なりの気づきや深い考察が生まれてきて興味深いです。下のノートは，5年生で行ったときの子どもの道徳ノートです。

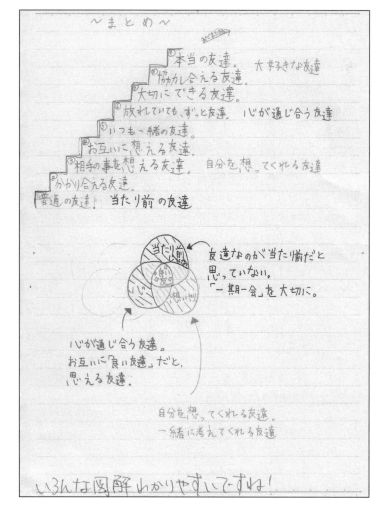

04 4年生・教材「雨のバスていりゅう所で」の授業

これは規則の尊重を主たる内容項目とする教材ですが、ちゃんと読ませないと見えてこない部分があるので、要チェックです。

内容項目理解

きまりってなんで守るのでしょうか。本来はそこから考えるべきものなのですが、法治国家を謳う日本は、あまりにもシステム化してしまい、守らないと何らかのペナルティが科されるという図式が、教育の場でも先行している気がします。もちろんそれは悪いことではないのですが、そこを前提としてしまうと、では、守るためにどうしたらよいかという議論になってしまい、学級会のような授業になりがちです。

きまりを守るのは、「当たり前」「守らないと自分が困る」「注意される、罰せられる」という消極的な理由だけではありません。むしろ「守ることによってこんなよいことがある」「そもそもきまりだから守るのではなく、みんなのために守るべきものをきまりにしているにすぎない」「最終的にはきまりや約束事が減る（明文化しなくてもみんなが守る）ことが望ましい」といった、積極的な理由が前面に出されるべきです。だからこそ、「規則の尊重」には並列概念として「公徳心」というものが加えられているのです。人間はひとりでは生きていけません。だからこそ、みんなの中の自分が何を守ることが重要なのか、を考えるのです。

教材研究

　この教材も，読み方を間違えると結果先にありきの結末になってしまいます。「並んでいる順番にバスに乗る」というきまり（約束事）をやぶろうとしたよし子に母親が厳しい態度で臨み，本人の反省を促す（読者に共感させる）という展開です。母親は一般社会の代弁者ですね。そのような読みだったら，子どもたちは容易に想像力を働かせ，「ここがいけなかった」「こうすればよかった」「自分たちはここに気をつける」などという発言をすることができるでしょう。けれど，よくよく考えると「並んでいる順番にバスに乗る」というきまりはどこにもありません。せいぜい暗黙の了解事項として一般的に流通している約束事，もしくはゆずり合いのマナーでしょう。ましてや「ひさしに雨宿りしている順にバス停に並び，乗りましょう」などという細かいルール規定など存在しません。では，なぜ母親は怒ったのか。きまり・約束事をやぶったからというよりは，別の理由がありそうです。なければおかしいです。それは何でしょう。ここまできて，ようやく公共の精神の出番です。きまりは，みんなが気持ちよく，しかも効率的かつ安全に過ごす（公共のものを使う）ための約束事にすぎません。目的は「守る」ではなく「快適に過ごす」方ですから，極端な話，みんなが快適ならばきまりでなくても守るし，もっと言えばきまりであっても守らない方がよい場合もあるかもしれません。そろそろ「規則の遵守」の呪縛から抜け出しませんか？

授業構想

　前述したように，「きまりを守ること」が最終到達点ではありませんから，当然手立てとしてとる発問展開も変わってきてしかるべきです。では，考えられる発問と，それに対する子どもたちの反応，そしてその子どもたちの反応を受けての教師の問い返し例を紹介しましょう。

〈□発問　・子どもの反応　■問い返し〉

□きまりがわかりにくかったからよし子は守ることができなかったのだとしたら，バス停に「雨の日の並び方，乗り方」をルールとしてきちんと書いておけばよかったのかな。そうすれば守れたかな？

・はい，そう思います。

■だったら，晴れの場合，雪の場合，お年寄りが混ざっている場合等々，全部書いておいた方がいいね？

・いや……そういうことではないような気がする。

■じゃあ，どういうこと？　みんなが安心してバスに乗ることができるために大切なことって何だろう。

　こうやって，本来のねらいに向かって子どもたちの意識を追い込んであげることがポイントです。また，そこから発展させて，きまり全般に意識を広げてあげることが大事です。そのための発問展開としては，次のようなものが考えられます。

□みんなが安心してバスに乗るために大切なことを考えてきましたが，これはバスに乗るときにだけ必要なことなのでしょうか？

・いいえ，他のことにもつながる，同じだと思います。

■どういうことかな？「例えば……」というふうに説明してくれませんか。

・例えば，電車に乗るときだって，遊具に並んでいるときだって同じ。

　このように，授業で考え，見つけた価値観を一般化させます。そして次にすべきなのは，自分たちの生活へとつなぐことです。

■なるほど，大切なことは○○ということなんだね。では，その心を使ったらみなさんの生活はどんなふうによくなると思いますか？

・きまりが書かれていなくても，自分たちで判断し（考え）て行動できる。

・自分たちできまりをつくることができる。

・きまりにしなくても守れるから，いつかはきまりが減っていく。

　こういう明るい未来を描くことができるようになったら，きっと自らその世界を目指して行動できる，主体性のある子どもたちに育つでしょう。

● 実際の授業の記録より

□どうしていつもやさしいお母さんが，黙ってぐいとよし子の肩を引いたの
　でしょう。
・自分の子どもがきまりをやぶって，恥ずかしかったから。
・よし子に何がいけなかったのか，考えさせたかったから。
※このような的外れな反応が出ることは当然であろう。そこからどうやって
　軌道修正するかが問題である。子どもたちに話し合いの進行を任せていた
　のでは，いくら時間があっても足りない。そこで，次のように問い返した。
■だけど，きまりとして書いていないからそういうきまりはなかったので
　は？
・きまりは（書かれて）ないけれど，ある。
・お母さんは，きまりではないけれど，守ってほしいものがあったのでは？
■ほほう，それは何だろう？

● 子どもたちの反応・評価

　大人に比べて感覚的にするどい子どもたちは，こちら側のツッコミに対し
ても柔軟に反応してくることが多いようです。こちらの思惑にまんまと乗っ
てくることはあまりないでしょう。だからこそ，よいのです。子どもたちの
直感的なよき心の動きを期待し，信じていきましょう。

ポイント
・小学校は規則の尊重，中学校は遵法精神，公徳心となっていますね。規則の
　尊重と公徳心は同じようでいて，全く違います。まずはそれを意識できるよ
　うになりましょう。そうすれば，自ずと到達点が見えてきて，ねらい設定や
　展開も具体的になってくることでしょう。

● 規則の尊重の別の授業

　ここでは「シンガポールの思い出」の実践を紹介します。

　学年が変わっても，教材が変わっても，基本的に内容項目の考え方は同じと捉えてよいでしょう。もちろん，その扱い方や，こだわりどころが変わってきますが。ですから，一度きちんと内容項目を考えれば，どの学年でも，どの教材でも応用がききます。「雨のバスていりゅう所で」の授業での蓄積は，必ずや別の教材にも生かせるはずです。子どもたちはそうやって，１時間だけではなく，複数時間の学びの中で成長していくものですよね。教師も同じです。子どもとともに考え，学び直していくものなのです。

　では，「シンガポールの思い出」を教材としてどのように読み，どのように展開していったらよいのかを考えていきましょう。

　あらすじは，「シンガポールから帰国した主人公は，きれいな町並みのシンガポールと久しぶりに見るゴミが散らばっている日本の風景を比べ，厳しい罰則規定によって町の景観を保つシンガポールをよしとする。一方，もうひとりの登場人物である丹野さんは，規則で縛りつけるやり方に違和感を覚える」というものです。どちらがよいのだろうかと問題提起をする形で終わっています。一般的な展開としては，この教材の特性からして「どちらがよいか」や「あなたならどう考える」のような発問を中心に置いて展開されることが多いでしょう。

　「雨のバスていりゅう所で」の項でもふれましたが，きまりだから守るのではなく，守るべきものをきまりにしているのです。「みんな」が暮らしやすい生活をするために必要なことをきまりにしているのだから，その約束事項を大切にしていく心をもつことができる人間を育てたいものです。その，「みんな」のことを考えることが「公徳心」です。ですから「規則の尊重」のベースには「公徳心」があるべきです。「シンガポールの思い出」でも，その基本的な考えは変わりません。

内容項目の一覧を見ると，３・４年生は「約束や社会のきまりの意義を理解し，それらを守ること」となっており，５・６年生になると「法やきまりの意義を理解した上で進んでそれらを守り，自他の権利を大切にし，義務を果たすこと」というように，より多くの項目が加わってきています。やはり「公徳心」が根幹にあることがわかりますね。さらに５・６年生になると「規則の尊重」に加えて「権利，義務」が入ってきていますが，１つの授業で全部をクリアするのは無理かもしれません。ここはねらいを「ルールとマナー」の関係性を明らかにしようという意図に絞り，展開を考えた方がわかりやすいと思います。

　本教材では，「ルール」の象徴がシンガポールのゴミのポイ捨てに罰金を科す法律であり，「マナー」の象徴が丹野さんの考え方です。どちらがよいかという問いに対しては両サイドの判断・意見が出されることでしょう。手っ取り早くきれいにできるのはシンガポール流です。けれど，それが最終ゴールでよいのかという疑問を丹野さんは提示しています。このあたりは子どももなんとなく「ルールで縛る（縛られる）のはよくない」という考え方に共感することでしょう。けれど，その考えは直感的であり，理想論であり，現実性に欠けます。だって，ポイ捨て禁止条例がない（今は実施している自治体が多いですが，当時はなかった）日本は，結果的にきれいになっていないのですから。その方が望ましいと言ったところで説得力がありませんね。

　そこで，２つの世界の違いを明らかにしていくのです。そのような展開で行った授業の展開をかいつまんで紹介します。

〈□発問　　・子どもの反応　■問い返し〉

□マナーとルール，どちらが強制力がありますか？

・ルール。だって，「～しましょう」では守らなくても，「○○条例により，守らないと罰せられます」と言ったら，みんな守りそう。

■では，今日の話を読みながら考えていきましょう。

□シンガポールのように「きまりがあって守る」世界（Ａ）と，「きまりにしないで守る」世界（Ｂ）の違いは何でしょう。

・Aの世界は，ルールで縛られているから，罰金制度がなくなったらもとに戻ってしまう。それに対してBの世界は，自分たちで自分を管理するから，罰がなくなってももとに戻らない。

・Aはきまりを守ることが目的だけれど，Bは町をきれいにして住みやすくするのが目的。

■なるほど，きまりが一番上にくるのではないのですね。きまりだから守るというわけではないんだ。

・そう，Aは自分で管理できないから人に管理してもらい，監視されている。Bは自分で管理するから，さらによりよい世界を創っていくことができる。

・Aは罰金が嫌だから守る世界。Bは人として大切なことを自ら守ろうとする世界。

□みなさんは，どちらの世界に住みたいですか？

・それはBでしょ。

■でも，Bだときれいにならないかもしれないよ。

・Aだと，監視人が見ていないところではポイ捨てをしてしまうような人が出てきそう。

・確かにBには自由と責任が伴うから，自由だけにしてしまうとダメ。やはり責任ある行動を一人一人がとらないといけない。

□そういう世界に住むとどんなよい未来が見られるかな。

・きまりではなくても，自分できまり（約束事）を決められる。

・きまりが減っていく。

□マナーとルール，どちらが強制力がありますか？

・最初はルールの方が強いと思っていたけれど，それだけでは罰せられなければやってしまいそう。やはり，自分自身の心で自分を縛るのがいいと思った。

■なるほど，そういう心がある人が集まればきっとその場にふさわしい行動をとることができるし，きまりではなくても自分たちで判断して行動できそうだね。それを実現するのは大変そうだけれど，目指したいものですね。

このときの授業の板書が次のものです。

その後，道徳ノートに次のような感想が書かれていました。

　気持ちがよい世界の中にも「きれい」と「美しい」がある。みんなが守ろうとするのは難しいけれど，それができるからこそマナーにいくことができて，本当に気持ちよくなれるんだなあと思った。そして，それができる人は，きまりを荷物と感じないと思った。　　　　　　　　（O）

「きまりを荷物と感じない」。独特な，子どもらしい表現ですね。しかも具体的でわかりやすい。このOくんが言うように，きまりを頭の上に乗せるような指導はしたくないものですね。もう1人紹介して終わりましょう。

　「正しい」というのは誰にとっても「正しい」ということだ。みんな違う個性をもっていて，それでもたった1つの「正しい」ことを探さなくてはならない。そういう意味では，千代田区やシンガポールで行っているポイ捨て禁止条例は，ルールとして成功しているけれど，「正しい」ことではないかもしれない。

　そこから私は思う。親や学校や世の中が何となくそうだと思い込んでいる「きまり」に従うことが道徳的なことだと思い込んでいる人がいると思う。けれど，それは違う。誰にとっても等しく正しいことは何なのかを考えることが道徳的だというのだと思う。

---

05 5年生・教材「小川笙船」の授業

「私たちの道徳」に掲載されている定番教材。赤ひげ先生のモデルになった人でもあり，魅力的な教材です。いかに「魅せる」かが問題です。

内容項目理解

　ズバリ，働くよさって何でしょう？　人間は何のために働くのか。もちろん，生きるためですね。生計を立てるため，家族を養うため，社会的な地位を得て社会参画しながら生きるため，言い方はいろいろでしょうが，要するに生きるためです。

　では，働かなくても生きていくことが保障されるとしたら，人は働かなくなるでしょうか？　哲学的な思考かもしれませんが，このようにちょっとつきつめて考えていくと，これまでモヤモヤしていたものがぱあっと晴れることがあります。そのような哲学的に考えるクセをつけておくことも大事かと思います。

　もちろん，働かなくても生きていけるとしても，ただ生きているだけではなく，趣味の世界を充実させたり，おいしいものを食べたりするために，もっと豊かな生活ができるように働く，という選択肢はありますね。それ以外に，「働かなくても生きていけるとしても，働くことをやめたくない」理由ってあるでしょうか？　あるはずです。そうでなければ，働く意味はお金を稼ぐことだけになってしまいそうです。

教材研究

　この教材の主人公・小川笙船は実在の人物であり，働くということについて考えさせてくれるモデルになっています。笙船の生き方を考えるうちに，人間としてよりよく生きるために必要な役割，仕事が見えてくる気がします。

　まずは笙船の仕事の仕方について考えてみましょう。医者としての笙船の働きを否定する人はいないでしょう。何かしら，いいなあと思うところがあるはずです。では，それは何でしょう？　改めて問われると，ちょっと返答に窮しませんか？　そこを明らかにすることが，本時の学習です。貧乏人からお金をとらなかったところという答えが返ってきそうですね。実際，子どももそこに注目することが多いです。けれど，あまりそこに焦点を当ててしまうと，「無償で働くことがよいこと」となってしまい，実際の仕事とはかけ離れてしまいます。報酬をもらうことが悪いことではありませんからね。

　笙船の仕事ぶりの中で着目すべきは，笙船は何に価値を見出していたかということです。そのヒントは，文中にいくつも隠されています。それを読み解き，笙船の仕事ぶりとして共有することができれば，子どもたち自身の働く力となることでしょう。そのヒントとは，例えば誰に指示されるでもなく，自分の判断で若手を育てたり，養生所をつくったりしているところや，手当てをして元気になった男がつくってきてくれた大根に手を合わせているところなどです。それらの事実をもとに，笙船は何をもって満足していたのかを子どもたちに考えさせ，心を動かすような発問ができればバッチリでしょう。

授業構想

　先ほど「事実をもとに心を動かす」と書きました。これはどういうことかというと，ちゃんとした裏づけなり，納得なりがあってはじめて心が動くということです。子どもたちだってきちんと理解し，納得したことでなければ，

「ああ，本当に大事なことだなあ。自分もそうありたい」とは思わないでしょう。なんとなく雰囲気や情に流されて動かされた心情ではなく，知的理解にもとづいた心からの情動とでも言いましょうか。それを「知・情・意」という言葉で表すことがあります。知的に理解するからこそ情が動き，その情は自分自身の生き方を意欲的にするということです。この「知・情・意」をベースに置くと，ねらい設定も具体的にできます。例えば……

①働くということは，人の役に立つだけでなく，自己実現ができることであり，それを通して達成感も味わうことができることがわかる。

②そのような働きで社会貢献している人（笙船）のことをいいなあと思い，心が動く。

③そのような働きが自分にもできないかと考え，実生活で実践しようという意欲をもつ。

　このような形で，具体的にねらい設定をすることができれば，展開も自ずと明らかになってくるでしょう。

● ねらいの具体化・複数化

　このようなねらいの立て方は，これまではあまり一般的ではありませんでした。「働くことや社会に奉仕することの充実感を味わうとともに，その意義を理解し，公共のために役に立つことをすること」という学習指導要領の文言をそのまま使うことが多かったのではないでしょうか。

　もちろん，これでも間違いではありませんが，このねらいは「勤労，公共の精神」という内容項目を包括的に捉えたときに一般的に使われるものであり，「小川笙船」に限ったものではありません。「小川笙船」の教材，生き方から学び考えることができる「仕事の流儀」は何なのかをつきつめるためには，もう少し「小川笙船限定のねらい」があってもよいのではないでしょうか。というか，それがなければ具体的な展開が見えてこない気がします。

　「知・情・意」をベースに置いたねらいの具体化・複数化にはこのような

意味もあります。そして，ねらいが具体的にできあがると，この教材を通して何をしたいかが見えてきて，指導者の肚もすわってくるものです。もちろん，評価の観点も明確になるでしょう。このねらいを達成することができたか，できたとしたら何が有効だったのか，できないところがあったとしたら何が足りなかったのかを考察すればよいのです。これが教師の授業評価です。

　このように，ねらいの具体化・複数化はそのまま指導展開や評価の観点に直結・連動します。

● 実際の授業，子どもたちの反応

　仕事や働くということは，子どもたちにとってピンとこない部分もあろうかと思い，本時の導入では，「役割」という言葉をまず出しました。そこから，小川笙船の役割の果たし方のよいと思うところについて話し合いを進める展開にしたのです。そこから，働くということの意義やよさに気づかせ，自分自身が役割や仕事に向き合う心がまえをもたせられると考えたのです。つまり，「笙船の役割の果たし方っていいなあ」「ああ，こういうところがよかったんだ」「自分もそういう仕事をしたいな」というような意識の流れを子どもたちの中に起こさせたいということです。

　そのような心の動きを促すためにも，「笙船の仕事ぶり」をちゃんと読み取らせなければなりません。そのためには発問の工夫が必要です。今回の発問の工夫は，教材には書いていない「一般的な医者の役割との比較」をさせたところです。まずはじめに，医者の役割を聞きます。すると子どもたちは，「病気を治す」「手術をする」などと答えるでしょう。実際そうでした。そこで笙船との比較をするわけです。すると，「あれ，笙船はすべきこと以外のことも進んでやっているぞ。しかも，それを恩きせがましくしていないし，苦労している悲壮感もただよわせていない。これはどういうことだろう」と，子どもたち自身の考えたいスイッチが自ずと入ってきます。

　そのときの授業の板書を紹介します。

この授業で，私が「へぇ～！」と思った発言を２つを紹介します。

「笙船の役割の果たし方のよいところは，『役割に縛られていないところ』」

「笙船のよいところは『医者としての役割を果たす』というより，『生きがい』としてやっているところ」

いかがでしょう。「役割を果たすということは，役割に縛られないところにこそある」。なんとも哲学的で深い考え方だと思いませんか？

子どもたちと考える授業をしていると，こういう「へぇ～！」と，教師も考えさせられる場面に出会うことがあり，楽しい限りです。

ポイント

　教材のもつ力を生かし，読みを変え，授業を変えるためのポイントは，
①教材に書いていない一般的な世界との比較をさせる
②ねらいは「知・情・意」の流れで，なるべく具体的に書く　です。

● 公立学校での実践

　教材「小川笙船」は『私たちの道徳』に掲載されているので，教科書に載っていなくても使いやすい教材のひとつでしょう。私も公立の学校に呼ばれて飛び込み授業をするときに，結構な頻度で使わせてもらっています。

　筑波大学附属小学校で行う授業とはまた一味違った反応を見せてくれる子どもたちがたくさんおり，その度に感心したり，私自身にも発見があって，その道徳的価値について考え直したりすることができます。

ここでは，その中でも特に印象に残っている授業を２つ紹介します。

【実践①　公立学校５年生の実践】

　このときは，導入で「医者の役割」について子どもたちの考えを聞きました。子どもたちは「病気・けがを治す，人を助ける」と言いました。当然の反応ですね。そして，教材を読み，「笙船の果たし方はどう？」と聞くと，とても元気のよい女の子が「めちゃくちゃいいじゃん！」と声を上げます。周りの子たちも，それに異論はないようで，にこにこうなずいています。そこで，「どうして？」と問い返すと，別の男の子が「誇りをもって仕事をしているから」と答えます。なるほど，そうきたか。普通は「貧しい人からはお金をとらなかった」とか「寝る時間も削って頑張っている」などという，表面的な考察から入ってくるのが一般的ですから。そのときの板書が下のものです。

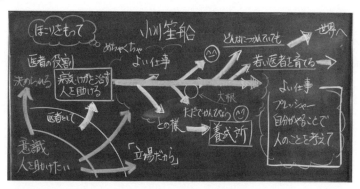

　以下，ちょっと子どもたちとのやりとりを再現してみます。

教　師：誇りをもって治療にあたる小川笙船の仕事の仕方は，一般的な医者
　　　　の仕事と何が違うのかな。

Ｐさん：笙船は医者として，そういう「立場だから」やっているのではなく，
　　　　人を助けたいという意識をもって，自分で決めているところが違う。

教　師：なるほど！

Ｑさん：笙船は「立場ゾーン」でなくて「笙船ゾーン」でやっている！

教　師：すごいねQさん！　そういうことか。他の人，Qさんが言っている
　　　　意味わかるかな？

Rさん：わかるわかる。

　子どもってすごいなあと思った瞬間でした。感覚で，スコーンと本質を言
い当てるセンスは，大人にはないものかもしれません。この「ゾーン」で捉
えるするどさ，ただただ感心します。

　ところがQさんの快進撃はこれで終わりではありませんでした。次にこの
ような発言が飛び出したのです。

Qさん：先生，筌船は「医者だから」こういうことをやったのかな？

　この問題提起にはまいりました。だって，私の方で考えていた問い返しと
全く同じでしたから。まさか子どもの方から出されるとは！

教　師：おお！　どうなんだろう？　みなさん，筌船は「医者だから」この
　　　　ようなことができたと思う人？（手が挙がらない）思わない人？
　　　　（ほとんど全員挙手）

　こういう瞬間に出会う度に，このスタイルの魅力を再認識します。よく，
「筑波の子たちだからできる」ということを言われますが，どこの学校の子
だって同じなのです。ただ，筑波はどの教師も自分の専科のプライドにかけ
て子どもたちを育てますから，授業の中で育っているのかもしれません。ど
の学校でも，そのように歩調を合わせて子どもたちを育てれば，きっと子ど
もたちの発言が生き生きとし，一人一人の顔が見えるような授業は可能にな
るはずです。

【実践②　公立学校６年生の実践】

　次に紹介するのは，６年生の実践です。５年生の子どもたちとはまた違っ
た読みをしていますが，これは学年の差なのか，あるいは実態の違いなのか，
興味深いところです。この授業の子どもたちの反応は，私の中にないもので
した。私自身「なるほど！　確かにそうだ」と思い直させられた授業です。

　このとき私が話題にしたのは，「一般的な医者の仕事が100だとしたら，筌

船の仕事ぶりは数にしていくつか？」という疑問です。子どもたちは3つの立場に分かれます。

①100以上（笙船の仕事の方が上）

②同じ

③100以下（一般的な医者の仕事の方が上）

　①は事前に予想できるものです。②もなんとなくわかります。③に手を挙げた子どもはどういうつもりなのでしょう？　③を選んだ子どもたちが5名ほどいました。その一人一人になぜ③なのかを聞いてみると，

　「まだ治せない病気があるのだから，よけいなことをしていないで自分の医療技術の向上にこそ力を注ぐべきだ」

　「医者としての務めを果たしきっていない」

　「無理をして身体を壊してしまったら元も子もない。病気を治すのが仕事の医者が，自ら病気になってしまうような生活をするなんておかしい」

とのこと。確かにそうだなあと思いました。このような，子どもたちの発想もすごいなあと思いましたが，同時に，全体が笙船の仕事の流儀を認め称賛する中で，あえて異を唱えることができることもすごいなあと感心したものです。自分でしっかりと考え，周囲に流されずに自分の意見を主張できる子たちだからこそできる話し合いがあると思うのです。

　その後の話し合いは，当然この子たちの意見も入れながら，それでも笙船がしようとしたこと，成し遂げたことはすごいよねというふうにまとめていき，全体で働くことの意義について共有することができました。

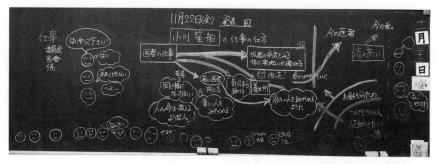

06 6年生・教材「妙見山のちかい―岩崎弥太郎―」の授業

これは，2011年に文部科学省から出された「小学校道徳読み物資料集」に掲載されています。ちょっと古くてすみませんが，私にとってはどうしても残しておきたい実践です。

内容項目理解

そもそもこの教材は，3・4年生の教材として掲載されていますし，扱う内容項目は「家族愛」です。けれど，扱い方・考え方次第ではいろいろな読み方・考え方ができる教材だと思います。私は，この教材は高学年，しかもこれから中学校へ，未来へはばたく6年生の時期にこそふさわしいと考えました。

岩崎弥太郎，言わずと知れた三菱財閥の創始者であり，明治維新の時代に生きた，時代の立役者のひとりです。その人の生き方を通して，「よりよく生きる」を考えること，これは教育活動の最終的な目的のひとつであると考えたのです。家族愛を窓口にして「いかに生きるか」を考えられるはずだと思ったわけです。

教材研究

人の生き方は様々であり，それぞれの人生があるのが当然です。しかし，本質的なところで共通するものがあるでしょう。それは形として残る偉業を成し遂げたかどうかではありません。先人がいかに生きたかをともに考える

ことを通して，私たちは「いかに生きるか」を自問し始めることができるし，この教材はそのように読むべきだと考えたのです。そのような意味で，伝記物を教材にすることには意味があるでしょう。先人は「過去の人」ではないのです。

　教材・資料にはたくさんの価値が含まれています。そもそも道徳的価値自体が一つ一つ独立しているわけではないのです。本時のような，6年間の締めくくりの授業の場合，これまでの学習内容を総合的に押さえながら「いかに生きるか」について考えていくことは必要ではないでしょうか。今回は，弥太郎の夢を実現した生き方を通して，目標と希望をもって生きること，その陰には家族の支えがあったことについて自分の生き方を重ねて考えていくことをねらいとしました。

　家族像には様々な形があります。それを1つに集約するのではなく，今の自分があるのは家族のおかげであること，その家族の形は様々であること，家族のために何かをしたいと心から思えること，その中に自分自身の夢をかなえる生き方も含まれていることなどを子どもたちとともに考えていくことのできる教材だと思います。

● 授業構想

□ねらい
・岩崎弥太郎の家族のよさを知る
・家族の存在が，いかに自分自身の生き方を支えているかがわかる
・家族の一員であることに誇りをもち，自らの生き方に反映させていきたいと願う

【深く考えるための問い①】弥太郎が夢をかなえるもととなったものを探る
「なぜ弥太郎は夢をかなえることができたのか」
・自分自身が立てた誓い
・夢をもちあきらめずに努力したところ

・誓いを守ろうという決意

◇家族の支え

・弥太郎のために山を売って金を工面してくれたから

・父母が応援してくれた

※このように，弥太郎が夢をかなえるに至った要因は，様々であろう。その中から，自分自身の努力と，両親の支えという2つの要素に絞って考えさせたい。

【深く考えるための問い②】どの親にもある子を思う気持ちについて考える

「弥太郎が成功したのは親が山を売って金を用立ててくれたからなのか」

・それは表面的なこと

・それ以外にも見えないものがたくさんある

・「子どものため」という思い

※山という目に見える（即物的な）ものをきっかけに，目に見えないものを見るようにする。そこから「親の無償の愛」のようなキーワードを見つけさせたい。

【深く考えるための問い③】「君たちはどう生きるか」を考える

「本時の学習から何を学んだか」

○教師の「親に対する思い」を聞き，本時とつなげて考える

・担任がこの教材から感じたこと（学んだこと）を素直に子どもたちに伝えたい

● 実際の授業

本時は筑波大学附属小学校での公開授業だったのですが，実施に際しては，子を思う親の愛，その親の愛に報いるために自らの生き方を自らの意思で決めようとする子の思いに共感させたいと考えました。そこで思ったのが，「私（加藤）の親に私が自分の言葉で語る」場をつくりたいということでした。これはもしかしたらスタンドプレイととられるかもしれないという気持

ちもありました。けれど，「孝行をしたいときに親はなし」と言われるように，なかなか自分の親に素直に言葉を発するのは難しいものです。こういう場を設定することで，私も頑張って言おうとするでしょうし，そういう息子の姿を見せることが，もしかしたら一番の親孝行なのかもしれない。そして，その姿を子どもたちに見せることで，子どもたち自身も家族について思いを新たにしてくれるかもしれない，そういう思いで決心しました。この公開授業に両親を招き，参観してもらった上で最後に私が両親に向けて語る言葉に，子どもたちへのメッセージをこめようと。2011年2月の初等教育研修会でのことでした。

　両親に打診し，OK をもらったのもつかの間，1月に父が凍った道で転倒し，けがをしてしまったのです。手術をしなければいけないような状況になり，翌月に研修会に来るなど不可能，それどころの話ではない状況になってしまいました。私もあきらめて，治療に専念してもらおうと思ったのですが，どういうわけか経過が好転し，手術もしないですむようになり，出歩けるようになったのです。とはいえ，無理はさせられません。あとは両親の判断に任せることにしました。

● 子どもたちの反応・先生方の反応

　結果的に両親は授業にきました。最後に私が「実は今日は私の両親にきてもらっています」と切り出し，私の思いを両親に伝える形で，子どもたちに聞いてもらいました。

　子どもたちは違和感なくそれを受け入れ，話に聞き入ってくれました。その後の研究協議では，先生方の意見が分かれました。ひとりの先生は「まいった！　自分にはできない」と肯定的におっしゃいました。またある先生は，「これは禁じ手ではないですか」と，質問されました。私は「必要だと思ったので行いました。手法としてこういうときはこうするやり方もあるというような提案として行ったのではありません」という趣旨の返答をしました。

いつでもどこでも誰にでも通用する，どんな指導者でもこれに乗っかって
やればある程度の結果を担保できるという「手法」も必要でしょう。一方で，
今ここで自分にしかできないことに全力を傾けるという，ある意味命がけの
指導もあってしかるべきではないかと思うのです。それが一期一会の授業で
す。それに対する批評は甘んじて受けますが，後悔はしていません。

　「家族愛」の授業というと，ひとつの定番として，授業の終わりに「親か
らの手紙を渡す」というものがありますね。家族の思いを授業中に共有させ
た上で，自分の両親からの自分あての手紙を読む。「生まれてきてくれてあ
りがとう」「大好きだよ」書き方は様々であっても，そこに親の自分の子ど
もへの思いが書かれているわけですから，子どもたちが感激しないわけがあ
りません。泣きながら手紙を読み，感想を言ってくれることでしょう。これ
ほど感動的な終末はないかもしれません。

　この「手法」を誰が始めたのか，定かではありませんが，筑波大学附属小
学校の，つまり私の先輩である新宮弘識氏のアイデアだとも言われています。
その新宮氏は，授業を方法論として語ることをとても嫌う人間です。「授業
をどうするかという発想ではなく，目の前の子どもたちをどうするかが大
切」ということを常に言い，道徳の授業だけでなく，日常生活との関連・連
携を図りながら人間教育をしていくべきだと主張します。

　私もその通りだと思います。誰のために授業をするのか，そのためにどん
な展開にすべきかを常に考え，そのときの状況や子どもたちの実態に応じて
必要な手立てをとる。それだけのことだと思います。

　実は，これまでの様々な実践を通して体系化されてきた「心に響く展開・
発問」というのは，どれもそうやって必然的に生まれてきたものなのではな
いでしょうか。それを別の教室，違う子どもたちに当てはめてみても，うま
くいくかどうかはわかりません。少なくとも形だけをまねてもダメなのです。

　私たち教師は，過去の優れた実践から学ぶことは必要ですが，何を学ぶの
か（まねてみるのか）には留意しなければならないと思うのです。手法だけ
をもらってきてもダメなのです。「明日すぐできる，誰でもできる」は「明

後日になったら忘れる，努力しなくてもそこそこおいしい」お手軽食品のようなものです。私たちがすべきは，その手法の裏にある思いは何なのか，その手法を通して子どもたちをどこにもっていきたいのか，という指導意図を明確にもつことでしょう。

　私の授業の感想で，「まいった！」とおっしゃった先生がいたと書きましたが，その人こそ，新宮先生その人だったのです。

おわりに

　最後までお読みいただき，ありがとうございました。

　本書は，これをまねすればいつでもどこでも誰でも同じような授業ができるという類いのハウツー本ではありません。

　「はじめに」でも書きましたが，先生方一人一人の授業エピソードを創ってください。

　そして，「この子たちとだからできた授業」「ここが面白かった！」「子どもたちに教えられた」というような，その場の空気が伝わってくるような授業を大切にしてください。もしよければ，それを教えてください。ぜひ，そのような授業交流で全国でつながっていきましょう。

　せっかく道徳の授業を変えていこうという機運が全国レベルで浸透し始めたのですから，私たちの力で時代を変えていきたいものですね。それが後世でどのように評価されるかはわかりませんが，できることをするのみです。

　私も教員生活の節目を迎えようとしています。今後，どこまでできるかわかりませんが，命ある限り，小川笙船のように，与えられたからではなく，与えられた環境を活用して，自分にしかできないことをしていきたいと思っています。それが私の流儀・私の仕事だと思っています。

　「私の授業」をリアルタイムでお伝えするべく，書籍だけでなく公開研究会やメディアも活用したいと思います。Instagram も始めました。

　よろしければ，「kto.nob」でフォローしてみてください。

　では，またどこかでお目にかかりましょう。

新元号・令和元年度の終わりに

加藤　宣行

【著者紹介】

加藤　宣行（かとう　のぶゆき）

筑波大学附属小学校教諭，筑波大学・淑徳大学講師。

スタントマン，スポーツインストラクター，公立小学校教諭を経て現職。

日本道徳基礎教育学会事務局長

KTO道徳授業研究会代表

光文書院道徳教科書「ゆたかな心」監修

【著書】

『加藤宣行の道徳授業　考え，議論する道徳に変える指導の鉄則50』明治図書出版，2017

『加藤宣行の道徳授業　考え，議論する道徳に変える発問＆板書の鉄則45』明治図書出版，2018

『加藤宣行の道徳授業　考え，議論する道徳に変える話し合い＆道徳ノートの鉄則45』明治図書出版，2019

『道徳授業を変える　教師の発問力』東洋館出版社，2012

『実践から学ぶ深く考える道徳授業』光文書院，2015

『子どもが，授業が，必ず変わる！「一期一会の道徳授業」』東洋館出版社，2016

『加藤宣行の道徳授業実況中継』東洋館出版社，2018

加藤宣行の道徳授業
考え，議論する道徳に変える
教材研究＆授業構想の鉄則35

2020年3月初版第1刷刊　©著　者　加　藤　宣　行
2022年1月初版第4刷刊　　発行者　藤　原　光　政
　　　　　　　　　　　発行所　明治図書出版株式会社
　　　　　　　　　　　　http://www.meijitosho.co.jp
　　　　　　　　　（企画）茅野　現（校正）嵯峨裕子
　　　　　　〒114-0023　東京都北区滝野川7-46-1
　　　　　　振替00160-5-151318　電話03(5907)6701
　　　　　　　　　　ご注文窓口　電話03(5907)6668

＊検印省略　　　　　　組版所　藤　原　印　刷　株　式　会　社

本書の無断コピーは，著作権・出版権にふれます。ご注意ください。

Printed in Japan　　　　　　ISBN978-4-18-283512-4

もれなくクーポンがもらえる！読者アンケートはこちらから　→